Petit éloge de la jouissance féminine

Éditions
François
Bourin

154, rue Marcadet 75018 Paris
01 42 57 82 08
Siret : 793 599 432
Code APE : 5811Z
TVA intrac : FR44793599432

Les Editions François Bourin ont comme objectif de faire bouger les lignes et de redonner toute sa place à l'auteur dans la société contemporaine.
Nées il y a une dizaine d'années, les Editions François Bourin font partie des belles réussites de l'édition française avec plus de 300 titres publiés, qui chacun dans son domaine a souvent remis en cause des dogmes de la société. De nombreux titres et auteurs « maison » réalisent des succès d'édition pouvant atteindre jusqu'à 200 000 exemplaires.
Les Editions François Bourin, diffusées et distribuées par CDE/SODIS (Groupe GALLIMARD) ont pour vocation de publier une vingtaine d'ouvrages par an dans le domaine des sciences humaines et sociales mais pas seulement.
Les 5 collections des Editions François Bourin : Monde, Société, Economie, Littérature, Dissidence sont publiées en grand format ou en format Nano.

Adeline Fleury

Petit éloge de la jouissance féminine

Éditions
François
Bourin

Table des matières

Les ailes du désir 15
La femme désirante 23
La naissance du désir 29
La montée du désir 41
Et puis une nuit, j'ai joui. 47
En manque 65
Nymphomania 81
L'embarras du choix 101
De la crudité dans le désir 119
Des hommes, des femmes… et des désirs . . 129

« L'érotisme est une base de la connaissance de soi aussi indispensable que la poésie. »

Anaïs Nin

À Théophile.

Avant-propos

Je ne suis ni philosophe, ni sociologue, ni psychanalyste, je suis simplement une femme. Une femme active, une maman, une amoureuse, une amante. Une femme à qui pendant longtemps il a manqué quelque chose de vital : le désir. Longtemps, j'ai été privée d'une partie de ma féminité, et longtemps, j'ai cru pouvoir vivre amputée d'une partie de mon être. Sans en souffrir. C'était un leurre. Un jour, j'ai vu la vérité en face : une femme sans désir est une femme a-sensuelle. Une vie sans désir sexuel, c'est une vie sans envie, sans élan, une existence statique, immobile. Une vie sans désir, c'est une vie atone, sans souffle.

« Sophie n'était pas plus capable de n'être pas femme que les roses le sont de n'être pas des roses. »

La phrase de Marguerite Yourcenar résonne en moi comme une évidence. Il était temps pour ma rose d'éclore.

J'ai décidé de remettre mes sens en éveil, d'enclencher la touche « *on* » de ma libido.

J'ai décidé de séduire, de me laisser séduire. J'ai rencontré un homme, son corps, son âme, un homme qui m'a fait jouir, un homme qui m'a fait revivre. Dans ses bras, j'ai saisi pleinement l'indescriptible, ce que la psychanalyse a eu tant de mal à penser : la jouissance féminine. Que veut la femme demande Freud ?

Trop souvent perçue comme l'apanage des hystériques, la jouissance féminine serait donc irreprésentable, inimaginable…

Le grand mystère. Comment puis-je être sûr qu'elle a joui ? s'interroge André Breton dans son *Enquête sur la sexualité*. Si la jouissance féminine interpelle à ce point, c'est parce qu'elle fait peur. Peur aux femmes d'abord, parce qu'elle est synonyme d'abandon total, de « décorporation » presque, et aux hommes surtout, parce qu'ils ne veulent pas s'avouer qu'elle est plus profonde que la leur.

La jouissance féminine est une grande fête. Elle est puissante, belle, c'est une joie qui transporte, dans laquelle on lâche prise, on lâche tout, on laisse échapper. « Jouir c'est s'échapper à soi-même », affirme le philosophe Jean-Luc Nancy. S'échapper à soi-même pour mieux se retrouver. Pour moi, la jouissance est la joie dans le plaisir.

Une femme dénuée de désir n'a pas pour autant jamais ressenti de plaisir, du plaisir sans désirer, du plaisir mécanique, mais pas le plaisir ultime : l'orgasme de tous les orgasmes, le ravissement, qui fait sortir de son être et à la fois se reconnaître.

Ce petit éloge décrira, de manière personnelle puisque puisée dans mon expérience, et éclairée par mes lectures, le passage d'une vie sans désir à une vie où désir et plaisir s'accordent à l'unisson. Une vie de féminité assumée, épanouie et de quête d'une connaissance absolue de soi.

Lorsque le désir est entré dans mon quotidien, Adeline est devenue Adèle, mon double littéraire, mon double désirant, une femme au parler cru, une femme sans retenue. Une femme solaire dont le rapport au monde a été totalement chamboulé, aux choix de vie plus vifs, plus tranchés.

Evidemment, Adèle rappelle l'Adèle d'Abdellatif Kechiche. Evidemment, je ne suis pas adolescente, je ne désire pas une femme comme l'Adèle de Kechiche, mais comme elle, j'avance dans la vie la bouche ouverte, vers l'inconnu, vers l'amour, comme elle je suis boulimie. Adèle a des larmes plein le visage, Adèle remonte souvent son jean d'ado pas finie. Adèle aime le chocolat, les sandwichs grecs, les spaghetti bolo qui salissent la commissure des lèvres, Adèle a tout le temps les cheveux dans les yeux, Adèle a la bouche entrouverte, Adèle veut la remplir, Adèle danse, en transe, enfance. Adèle est le désir.

Adèle c'est moi, Adèle c'est Delphine, Sylvie, Ana…Toutes ces femmes qui refusent que leur désir soit bridé, qu'on leur retire leur liberté de penser et de disposer de leur corps, des femmes parfois à bout de souffle dans leur quête mais jamais aphones, des femmes qui ne se mentent pas, des passionnées, ultra émotives, souvent à fleur de peau, parfois impétueuses, souvent agaçantes. Des femmes résolument modernes.

Parce que la jouissance féminine mérite un éloge, je pousse un grand cri, un grand cri d'amour. Je j-oui-s !

Les ailes du désir

J'ai passé tout le week-end ou presque à faire l'amour avec mon homme. Deux jours et trois nuits entièrement dédiés à se donner du plaisir, à n'écouter que nos corps, nos cœurs et nos désirs. Deux jours et trois nuits de célébration des sens et de notre intimité. Une exaltation du plaisir et du désir conjugués.

Un partage charnel qui me surprend à chaque étreinte, qui me bouleverse et me renverse. Oui, je suis renversée au sens littéral du terme. J'ai l'impression de vivre une vie « renversée ». Impression d'avoir tout fait à l'envers. Une existence agréable mais exemptée de vibrations jusqu'à mes trente ans, et une explosion des émotions et des sensations depuis le début de la trentaine, avec pour climax, la découverte de la jouissance extrême, la rencontre avec le plaisir absolu, l'orgasme.

Ce lundi, j'ouvre les yeux et une lubie me saisit. Il faut que je prenne le dictionnaire. Amour, désir, plaisir, orgasme… Il faut que je vérifie, que je comprenne pleinement les mots qui m'animent, ceux que je suis entrain de vivre. Désir, plaisir, plaisir, désir, quelle est la différence ? Existe-t-il un lien de cause à effet, un lien de linéarité entre les deux notions ?

Je me lève, j'ouvre mon Larousse.

Désir : élan physique conscient qui pousse quelqu'un à l'acte ou au plaisir sexuel.

Plaisir : état de contentement que crée chez quelqu'un la satisfaction d'une tendance, d'un besoin, d'un désir.

Si l'on s'en tient à ces définitions, aucun doute n'est possible : du désir naît le plaisir et le plaisir mène à la jouissance. Le plaisir serait donc la satisfaction du désir et la jouissance l'exaltation du plaisir. Un schéma très linéaire, comme une règle qui marcherait à tous les coups. Sauf que dans la « pratique », le lien entre désir et plaisir est plus mystérieux, c'est pourquoi le désir féminin est une énigme pour les hommes et pour bon de nombre de femmes. Désir n'implique pas forcément plaisir et plaisir ne découle pas forcément d'un désir puissant. Le désir peut intervenir à n'importe quelle étape de la relation charnelle, ce qui correspond bien plus à l'expérience des femmes.

« Le désir est une expérimentation de la libido comme de la pulsion sexuelle, si l'on compare la pulsion à une énergie, la libido en serait la puissance et le désir le canal », explique le philosophe Jean-Luc Nancy dans *la Jouissance, questions de caractère*.

Le désir comme véhicule du plaisir donc.

Je repense à ses deux dernières années et je cherche à comprendre ce qui m'est arrivé, cette révolution physique et psychique. Je « m'introspecte » : que se passe-t-il dans la tête d'une femme quand elle se décide à quitter son quotidien protégé pour sortir de sa zone de confort et se consacrer à plein temps à son désir ? À la quête de cette crampe miraculeuse dans le bas ventre dont elle a si souvent entendu parler dénommée « orgasme », en grec « action de pétrir, d'humecter » ou « plein d'humidité », de « suc » et par suite « d'effervescence » ?

Longtemps, j'ai été prisonnière d'une forteresse interdite, d'un corps éteint. Longtemps je me suis languis sans agir, telle une Emma Bovary, j'ai rêvée être pétrie, j'ai rêvé d'humidité, de sucs mélangés et d'effervescence des âmes.

Que se passe-t-il dans la tête d'une femme qui n'a jamais joui, le jour où, enfin, elle découvre le plaisir, le vrai, celui qui bouleverse corps et âme ?

Le risque est de se perdre dans cette extase, d'y laisser à chaque étreinte un peu plus de son être. Mais une existence sans prise de risques a-t-elle vraiment de l'intérêt ?

La vie sans désir vaut-elle la peine d'être vécue ?

L'interrogation semble certainement un peu extrême. Je pense ne pas être dans l'exagération, sans désir il n'y a pas de souffle, sans désir il n'y a pas de vrai moteur. Le désir est ce qui nous tend, nous pousse vers l'avant.

J'ai assisté à des cours d'écriture de scénarios, avec des scénaristes français et américains, tous s'accordent sur un fait : chaque film est sous-tendu par une mécanique, par un fil, le fil du désir. Le désir peut être un souhait, un vœu, une faim, une ardeur, ou comme le dit Bachelard, un feu, une flamme, une passion. Je suis une enflammée, je suis une passionnée.

Une vie sans fil du désir est une vie statique, immobile, une petite vie. Il n'y a rien de plus destructeur que l'immobilisme.

L'année de mes 35 ans, j'ai pris violemment conscience que quelque chose ne tournait pas rond dans mon existence, je vivais à moitié ; j'étais à moitié épanouie dans ma vie personnelle, à moitié épanouie dans ma vie professionnelle. Je sentais que quelque chose dysfonctionnait. Des proches, bienveillants, m'alertaient. Un jour, au détour d'un café, une amie m'a asséné cette phrase, un peu comme une sentence, mais pas dans le but de m'achever, au contraire de me bousculer : « Ouvre-toi, ouvre tes épaules, et avance ! » Une vie les épaules rentrées, voilà ce que je menais, une vie sans féminité assumée. Deux ans plus tard, mon amoureux me dit encore lorsque nous faisons l'amour et que je le chevauche : « Comme tu es belle ! Ouvre-toi, déploie ton corps, cambre-toi, je veux que ta poitrine explose ! » Grâce à lui, j'avance dans la vie les seins en avant, j'ai déployé mes épaules, mes ailes, les ailes du désir. Ainsi, je libère non seulement mon corps, mais surtout ma parole, ma pensée. Formidable libération !

Avant je souffrais d'une « excision psychique » comme le dit la gynécologue et exploratrice du plaisir féminin Odile Buisson, le seul médecin à s'être penchée sur l'anatomie du clitoris, en réalisant des échographies très poussées du vagin à partir de 2009. L'excision psychique, c'est comme si, suite à un traumatisme, le cerveau niait en quelque sorte l'existence du clitoris, et éteignait le pouvoir des zones érogènes.

Dans cette vie sans désir, j'ai pourtant aimé. Aimé tendrement un homme aimant, avec lequel j'ai conçu un enfant, avec lequel j'ai construit un couple parental. Je n'éprouve aujourd'hui aucune rancœur à son égard. Je n'étais pas prête à écouter mon désir, pas prête pour le plaisir. Je voulais avec lui un amour cérébral, pour me protéger du passé, d'un éveil à la sexualité douloureux, d'une première fois forcée. Pendant près de treize ans, nous avons partagé une tendresse et de complicité intellectuelle formidables. J'ai vécu un amour où le sexe n'était pas primordial, lui infligeant une torture qu'il ne méritait pas. Il était la victime collatérale de mon incapacité à jouir. Alors on se donne à l'autre sans jamais se donner vraiment, on cache une partie de son être… Parce que je me privais d'élan, je me suis aussi retenue dans ma vie professionnelle, j'ai bridé mon désir d'artiste, mon désir de créer.

Et puis un jour, j'ai explosé. Chaque femme est une bombe sexuelle prête à détoner. Quand cela arrive, ce n'est pas sans conséquence pour l'entourage. J'ai entendu de tout : « elle fait sa crise d'adolescence à l'âge ou d'autres entrent dans la maturité », « elle est devenue folle », « c'est une nympho », « une chienne en chaleur ». Je suis juste une femme, une femme qui se révèle, qui sort enfin du schéma de petite fille pour affirmer pleinement son désir, poser sa personnalité, sortir de sa chrysalide. J'ai entendu aussi que j'étais une mère indigne qui fait passer son plaisir avant son enfant. Je conteste : mieux vaut une mère épanouie qu'une mère endormie.

J'ai voulu régler le conflit entre mon cœur et mon corps et je suis partie en quête de mon plaisir, en équilibriste sur le fil de mon désir. Je suis devenue une femme désirante. Et je me suis sentie belle, forte, attirante, la reine de l'échiquier.

La femme désirante

« Le désir sexuel est une mécanique, guère compliquée à mettre en branle », écrit Virginie Despentes dans *King Kong théorie*, en réalité c'est bien plus complexe. À l'heure où la pornographie s'affiche en gras sur les réseaux sociaux, où la sexualité des anonymes est balancée en gros plans sous forme de performance sur des sites hard où l'on promet le plaisir gratuit, classé par catégorie, la quête du plaisir et la rencontre avec son désir sont semées d'embûches, de leurres, de frustrations… Car derrière le désir de l'autre se cache un enjeu bien plus important : le désir de soi, de se connaître soi-même. Et d'accéder au savoir absolu. Les femmes qui se lancent dans cette quête ne sont pas nymphomanes mais souvent des intellectuelles, des cérébrales pour qui le désir est la clé de leur philosophie de vie. Le désir est exactement ce qui nous relie, hommes comme femmes, à la vie. Mais les femmes en ont certainement plus conscience, les hommes ayant bien souvent du mal à intellectualiser la pulsion sexuelle.

Je pense à cette septuagénaire qui témoigne dans le film de Serge Moati *Mes questions sur le désir féminin*. Cette femme a vécu plusieurs deuils dans sa vie, la perte de son premier époux, de son fils, puis de son second mari. À chaque fois, elle s'est relevée en écoutant son désir. Aujourd'hui, elle va dans les maisons de retraite pour parler de son expérience et permettre aux personnes âgées de mener encore une sexualité épanouie, en accord avec leur âge. Le désir jusqu'au dernier souffle.

Certaines femmes ont connu le plaisir puis ont étouffé leur désir dans une vie de couple et dans les méandres de la maternité. C'est ce que décrit l'écrivaine australienne Nikki Gemmell dans *Avec mon corps*.

« Le désir peut-il être si sclérosé qu'il disparaît pour de bon ? Enfoui trop profondément pour être un jour de nouveau attisé ? Vous pensiez ne plus jamais vouloir coucher avec quelqu'un, que ce genre de vie était derrière vous. Vous aviez eu vos enfants. Le sexe avait rempli son rôle. Vous aviez l'impression d'être cassée, qu'il était trop difficile de vous réparer. Les adultes ne se réparent pas, leur état empire. La vie les consume peu à peu et ils en portent les cicatrices jusqu'à la fin de leurs jours. En fait, elles durcissent et se calcifient. » Mais la femme dont Nikki Gemmell célèbre le corps connaît une révélation et se réengage dans une vie désirante. Elle se sent libérée, comme par miracle.

C'est dans ce même esprit que la vidéaste française Justine Pluvinage a réalisé un court et un long-métrage lors d'un voyage à New-York au printemps 2011. Suite à une rupture avec l'homme avec lequel elle venait de passer neuf ans de sa vie, l'artiste décide de se rendre aux Etats-Unis avec en tête, deux objectifs : « *filmer et baiser* ». En parlant de Jo, son double désirant, elle raconte : « Il y est aussi question de liberté, et cette notion est inaliénable de mon état de corps féminin. Jo est une affirmation : en tant que femme, j'ai le droit de coucher avec n'importe qui, même un inconnu, parce que j'en ai envie ; et cela peut même être nul, la capote peut craquer, l'orgasme manquer, je n'en serais pas plus coupable. Je suis libre d'aimer qui je veux. »

Dans mon parcours initiatique, j'ai percuté un homme, celui que j'appellerai dans mon récit « l'homme électrochoc ». Lui a du mal à porter la responsabilité du bouleversement de mon existence, je lui rétorque que j'en suis la seule responsable mais qu'il a su me réveiller. Il a peur que si tout s'arrête entre nous, je m'écroule et je retourne à ma vie d'avant, immobile. Quoiqu'il arrive, ma vie ne sera jamais plus la même, je ne régresserai pas, j'avance avec ou sans lui. De même, il a du mal à assumer le fait qu'avant lui, je n'avais jamais vraiment désiré. Pour moi, il est le corps salvateur, celui par qui la volupté est entrée dans ma vie.

Depuis lui, je n'aspire plus qu'à jouir et écrire, écrire et jouir. Le genre de vie érotique choisie par Anaïs Nin. Le 16 novembre 1932, elle écrit dans son *Journal de l'amour*, après avoir quitté Clichy et son tandem d'amoureux Henry Miller/June :

« Je n'avais qu'un désir : retrouver Louveciennes et mon journal. Je suis rentrée à la maison, n'ayant dormi que quelques heures, et je me suis mise au lit et j'ai écrit. J'ai déjeuné, puis j'ai dormi comme un soldat, et me suis masturbée avant de me remettre à écrire. »

Il m'ait arrivé de m'adonner au même plaisir solitaire tout en écrivant. Je n'avais pas encore fait l'amour avec « l'homme électrochoc », mais je le désirais comme jamais je n'avais désiré auparavant. Nous n'avions échangé alors qu'un frêle baiser, mais déjà j'avais trouvé mon moteur. J'en avais la délicieuse prémonition : le sexe serait le carburant de mon écriture.

Ce soir-là, Adèle écrivait un article et elle sentait un délicieux frisson sur la cuisse, comme s'il était là. Ce soir-là, elle écrivait et elle sentait les doigts de cet inconnu remonter le long de sa cuisse, soulever la dentelle de sa culotte, s'introduire dans son vagin trempé de fantasmes. Elle était allongée sur le ventre, son ordinateur portable devant elle, elle continuait d'écrire avec une main. Avec l'autre main, elle se masturbait. Elle écrivait, elle pensait à lui, et elle se masturbait comme jamais. Son article aurait la sonorité de la jouissance. Adèle avait trouvé son moteur, le sexe comme carburant de l'écriture. Jouir, écrire, écrire et jouir. Voilà ce à quoi elle aspirait.

La naissance du désir

Ce soir, je me regarde dans une glace et ce que je vois m'attriste: une jeune femme, plutôt jolie, mais éteinte. Quel gâchis ! Dans quelques mois je vais avoir trente-cinq ans. Je me sens déjà fanée.

Des semaines, des mois, des années que je n'ai pas fait la fête. Ce soir, je vais à un anniversaire, j'ai enfilé des vêtements sexy, pas trop tout de même, je suis une femme fidèle, sage, maman irréprochable, sérieuse dans son travail, sérieuse dans son couple. Un modèle en quelque sorte. Tenue éloignée de la séduction. Depuis trop longtemps. Séduire, du latin *seducere*, au sens moral, détourner du bien, du droit chemin… Pour moi séduire signifie avant tout plaire, donc faire du bien, se faire du bien. Il faut donc que je séduise. Que je me séduise.

Personne ne peut deviner en moi le bouillonnement intérieur. La frustration des sens, la souffrance d'un corps qui n'éprouve aucun désir.

« De l'émancipation des femmes naîtront des relations charnelles et affectives dont nous n'avons même pas idée. »

Je me regarde dans le miroir et je répète les mots de conclusion du *Deuxième Sexe* de Simone de Beauvoir. « Des relations charnelles et affectives dont nous n'avons même pas idée… » Je ne sais rien ou si peu des relations charnelles, donc comment me faire une idée ?

Presque trente-cinq ans et je n'ai jamais vibré une nuit entière dans les bras d'un homme. Presque trente-cinq ans et pas l'ombre d'un orgasme. Juste de l'excitation, quelques fourmillements dans le bas-ventre, mais pas de septième ciel, pas de crampe délicieuse sous le va-et-vient d'un sexe masculin. Pourquoi ? Serait-ce parce qu'à chaque pénétration, je revis cette première fois forcée ?

Adèle contre un mur dégueulasse et plein de pisse dans un chemin derrière la gare… Elle, fouillée dans son intimité, elle, violée par son premier amour aviné. À chaque étreinte, elle revivait la scène, à chaque coït elle se refermait, son sexe se rétractait douloureux sous l'assaut de son mari décontenancé. Au prime abord, il s'était dit, elle est frigide, et puis il avait compris sans jamais lui poser de questions. Adèle avait appris à lui faire confiance, mais pas à se faire confiance. Elle ne s'était jamais totalement abandonnée.

J'ai pris une décision : je vais réveiller mon corps. J'en ai la certitude : moi aussi je peux connaître le grand frisson, les rêves érotiques qui m'assaillent vont se concrétiser. Bientôt. Pourquoi pas ? Mon corps le mérite, après une grossesse difficile, un accouchement traumatisant…

Rien ne justifie le sacrifice d'un corps.

Rien ne justifie le sacrifice d'une âme. Il en va de la santé mentale de toute femme.

Depuis le début de cet hiver rude, le froid ne fait que m'exciter, une chaleur étonnante me saisit quand je marche dans la rue, quand je croise le regard gourmand des hommes. Est-ce que les hommes sentent la femme en éclosion lorsqu'ils me dévorent ainsi des yeux ? Est-ce leur regard qui a changé ou mon regard sur moi-même ?

Comment reconquérir son désir ? Dois-je chercher un amant attitré pour me retrouver ? Ou bien chercher des coups, des hommes d'un soir ? Il paraît qu'il n'y a rien de meilleur pour prendre son pied. C'est du moins ce que j'ai lu dans les magazines féminins, témoignages de filles coquines et assumées à l'appui. De l'inconnu naîtrait l'audace. Certaines affirment n'avoir jamais ressenti autant de plaisir qu'entre les mains fermes et expertes d'hommes de passage. À bien y réfléchir, je trouve cela logique d'être regardée et prise sous toutes les coutures par quelqu'un qu'on ne revoit jamais. Des amants d'un soir, des amants dans le noir.

Je me regarde dans la glace et ce soir je vais raviver la lueur de ce visage éteint, redonner un coup d'éclat à cette beauté altérée. Il suffit de le vouloir.

Il suffit parfois d'une main posée sur la cuisse pour que le miracle opère. La pression d'une main sur la toile de jean pour réveiller le frisson.

Tout a commencé comme ça. C'était presque la fin de la soirée, déjà le petit matin s'annonçait. Certains invités s'étaient éclipsés depuis bien longtemps, Adèle était scotchée sur ce canapé, fatiguée d'avoir trop parlé, un peu trop bu, fumé par volutes interposées, saoulée par le débit d'un ami intoxiqué à la vodka. Elle était là, le regard dans le vague, le vague à l'âme. Pas envie de rentrer, pas envie d'avoir à se justifier d'être restée jusqu'à pas d'heure hors du domicile conjugal. Pas envie d'essuyer questions et suspicions. Elle n'était coupable de rien, juste de quelques pensées adultères. Imaginer n'est pas tromper. Rêver n'est pas tromper. Avoir envie n'est pas tromper. Elle n'avait rien fait, mais la culpabilité lui pourrissait encore la vie.

Alors qu'elle se débattait avec ses démons, Il était arrivé. Bien sûr, elle l'avait remarqué. À la sortie du resto dans lequel les invités avaient dîné,

Adèle lui avait remis l'écharpe qu'il avait oubliée sur la banquette. Bien sûr, son regard soleil l'avait interloqué. Plus tard, elle avait esquissé une danse avec lui, et l'avait trouvé fort charmant, d'une sensualité évidente. Un instant, Adèle s'était imaginée dans son lit. Il la dévorait des yeux. Elle frissonnait. Puis ils se sont éloignés, n'ont pas même parlé de la soirée. Jusqu'à ce qu'elle remarque qu'il était enfoncé dans le fauteuil en face. Il avait alors déployé tout son corps et, d'un bond, sauté par-dessus la table basse pour se retrouver assis à ses côtés, la main posée sur sa cuisse.

Sa main audacieuse sur ma cuisse. Une explosion soudaine. Un pincement au cœur. Un nœud dans la gorge. Un frisson. Une pulsion.

Ainsi le cycle inouï du désir s'est enclenché. Je n'aime pourtant pas qu'on me touche, qu'on m'effleure même, mais le contact de ses doigts sur mon jean me procure un bien-être immédiat. Une onde de chaleur parcourt tout mon corps. Je me laisse aller, je m'abandonne, j'oublie en un instant mon identité, mon mariage, ma maternité même. Formidable putsch du corps sur l'esprit. Devant la montée irrépressible du désir, toute forme de sagesse s'efface. La pulsion tue la raison. Pour la première fois de mon existence, je me découvre presque animale. Je ferme les yeux et laisse cette main inconnue s'emparer de ma chair. Cette main qui ne me caresse pas encore, qui ne tente même pas de s'aventurer plus haut et de s'immiscer entre mes jambes, une main juste posée comme ça, sur ma cuisse.

Il me regarde. Je me sens belle, infiniment belle. David Hume l'écrit avec justesse : « La beauté d'une personne vient de son sentiment d'être désirée ». La beauté d'une personne provient de la certitude qu'elle suscite le désir. Je fixe sa bouche, pleine de promesse, ce corps viril, véritable appel au sexe. Je veux cette bouche, je veux ce corps. Et j'ai la certitude que cette bouche me veut, que ce corps me veut.

L'ethnopsychiatre Tobie Nathan estime « qu'on ne tombe pas amoureux au gré des rencontres, charmé par un corps harmonieux, un doux visage, une belle âme, mais parce qu'on a été l'objet d'une capture délibérée : objets magiques, philtres, parfums, prières, rites. »

C'est comme si cette main qui me touche diffusait un fluide magique, un fluide bourré d'hormones sexuelles, le philtre du désir.

Sa main jusqu'ici immobile se met en mouvement, remonte sur mon jean, puis redescend, douce caresse qui se fait de plus en plus irrésistible pression. Je ferme les yeux, mon corps est parcouru de frissons, sensation plus jamais éprouvée depuis mon premier baiser adolescent. J'ouvre les yeux et je vois le va-et-vient évocateur de cette main sur ma cuisse. Du mouvement né le désir. Le rythme de la caresse. Dans ma tête, Gainsbourg susurre « je vais et je viens… », entre mes cuisses, une chaleur délicieuse s'immisce. Se diffuse partout, jusqu'au cortex. Enfin je désire. Je le désire.

L'incident déclencheur du désir vient de la rencontre d'un homme, d'une voix, d'un corps, d'un charisme. Il est « l'homme électrochoc », qui par sa simple présence enclenche l'onde de choc, la perte de contrôle, le corps en ébullition juste par le toucher d'une main. À cet instant je ne jouis pas encore, mais mon corps vibre à nouveau. La vibration retrouvée.

Sur le canapé d'en face, un couple d'un soir échangeait leur salive, avant leur numéro. T. a planté ses yeux dans les siens, et Adèle avait compris le message, il n'attendait qu'un signe de sa part pour que la sienne de langue force sa bouche. La tentation était délicieuse, douloureuse même. Il a planté ses yeux sur les seins d'Adèle, sous son regard, sa poitrine s'est déployée. Mais elle avait choisi de résister. Ici, tout le monde ou presque connaissait sa situation, la seule femme mariée de la soirée. La seule qu'il n'était pas convenable d'aborder, celle qu'il ne fallait pas draguer. L'homme qui lui tenait maintenant la main avait bravé les convenances, avait osé entreprendre la femme interdite. Adèle avait aimé son audace, sa façon de venir jusqu'à elle, franche et décisive.

Adèle avait choisi de Lui résister. Un instant. Puis elle a refermé sa main sur la sienne. Elle avait fermé les yeux et n'avait plus pensé à rien d'autre qu'à leurs mains unies en cette fin de nuit. Le temps s'est arrêté. À côté d'Adèle, à côté de Lui, car dans ses pensées ils ne formaient déjà plus qu'un. Les yeux toujours clos, elle a songé : dans peu de temps le jour allait se lever, et ils seraient obligés de se séparer. À cet instant, Adèle savait déjà qu'elle garderait l'empreinte de ses doigts tatouée sur sa peau, qu'elle aurait du mal à oublier cet instant magique et qu'elle ferait tout pour revivre à nouveau cette parenthèse de bien-être inouï.

La fête touchait à sa fin, il fallait bien se faire à cette idée. Difficile pourtant de quitter ce canapé, difficile de lâcher cette main déjà si familière. Il s'est levé le premier, a passé sa veste en cuir et son écharpe mauve. Adèle s'est levée, a enfilé son manteau et ils se sont enlacés. T. l'a serrée très fort contre son corps, elle a serré très fort son âme contre la sienne. Puis, ils ont échangé un baiser furtif sur les lèvres, sans y mettre la langue.

Comme il y a quelques heures, je suis devant la glace. Je me démaquille et ce que je vois me plaît : une jeune femme jolie, au regard qui pétille, une femme dont les sens s'animent enfin. Je sens à nouveau mon corps, je le ressens. Il n'y a plus de scission entre mon corps et mon cerveau. Depuis des années je ne fais que réfléchir, j'intellectualise tout, désormais je réfléchis et j'écoute ce que mon corps a à me dire, ce corps chaud et désirant.

L'homme électrochoc m'a réveillée, m'a mise en mouvement, mon désir me fait tendre vers lui.

Dans *Au premier regard*, film brésilien de Daniel Ribeiro sur un adolescent aveugle en quête d'identité, un seul baiser échangé avec un garçon suffit, à défaut de le sortir de sa cécité, à le sortir de l'aveuglement, de la prison de son handicap.

Le désir pour cet homme m'a fait sortir de ma forteresse, au premier baiser, comme si sur mes lèvres il avait glissé quelques gouttes d'élixir destiné à susciter en moi une éternelle envie de lui.

La montée du désir

Je ne souhaite qu'une chose : revoir l'homme électrochoc, le toucher, qu'il me touche à nouveau. Je suis lascive. « Lascive », ce mot est plein de sonorités sensuelles. Deux sifflantes qui évoquent l'entrelacement des corps, l'abandon total de l'esprit, la promesse d'un ailleurs. Je suis lascive et lassée de tout, lassée de tout ce qui est incapable d'éveiller ma sensualité. Partout, devant mon ordinateur, durant une réunion, pendant une interview, je ferme les yeux et je ne vois que nous, lui et moi dans une bulle de bien être extrême.

Je suis obsédée par l'homme électrochoc, je n'ai qu'un but dans ma vie : le retrouver, le désirer et qu'il me désire en retour. Je n'ai pas encore vu sa nudité, et déjà je suis fascinée par son corps. Je comprends que cette obsession est l'expression d'une frustration sexuelle qui s'est longtemps ignorée et qui ne s'ignore plus. C'est la preuve que j'ai la capacité et le besoin de vivre plus intensément. C'est une bonne nouvelle. Une très bonne nouvelle.

Prolonger notre rencontre est un désir puissant, mon seul et unique dessein à présent. Je ne suis qu'égoïsme, je ne pense qu'à assouvir mon désir. Je veux que mon corps soit loi, je veux que mon corps soit roi. J'ai cependant conscience qu'il ne faut pas se presser, prolonger cet état d'attente, que je ne vivrais peut-être qu'une fois un tel état. Le désir inassouvi a quelque chose d'électrisant.

Oui, je suis en transe. Je suis nue dans ma baignoire et quand j'effleure ma peau, je ressens une décharge électrique dans toutes mes terminaisons nerveuses. Je suis très pleine de vie, trop pleine de vie. Je ferme les yeux et vois à nouveau sa main sur ma cuisse. Une main épaisse, une main faite pour saisir, pour pétrir la chair. J'imagine des mains de boulanger sur ma peau faite pain, j'imagine des mains de bûcheron sur ma peau faite écorce… Maintenant ses doigts, larges, rugueux, je les suce en songe, un à un. Je les veux là à l'intérieur, dans mon corps, dans mon for intérieur. Je pense que cet homme a révélé mon origine, je suis une fille de la terre, une sauvageonne grandie entre sable iodé et boue âcre, entre goémon et bottes de paille. Je ferme les yeux, je pense à ses mains et j'ai soudain le goût de la terre sur mes lèvres.

T. a deux doigts dans le vagin d'Adèle. Elle a les cheveux emmêlés, l'air est vif, une odeur de purin les entoure. Il va la baiser là, à ciel ouvert. Des silhouettes se dessinent au bout du champ, l'une d'entre elles se rapproche. T. sort son sexe, Adèle écarte les jambes et écarquille les yeux. Un homme est au-dessus d'eux. Le mateur s'éloigne. Adèle se sent vivre, elle sent la nature qui jouit avec elle, la terre qui écorche le bas de son dos.

Je ferme encore les yeux.

T. fait l'amour à Adèle dans la forêt debout contre un arbre. Des cueilleurs de champignons rôdent à la lisière du bois. T. est plus hardi que jamais. T. se saisit d'une brindille et lui fouette le bas du dos. Le sexe sans retenue dans la nature. Retour aux sensations pures.

Je sors du bain, haletante. Comment la simple évocation d'une main peut-elle susciter des fantasmes aussi précis ? Comment le simple souvenir du toucher peut avoir un tel pouvoir évocateur ? Les odeurs, les bruits, la douleur, le plaisir, tout y est. Je pense à la cristallisation de Stendhal :

« La première cristallisation commence. On se plaît à orner de mille perfections une femme de l'amour de laquelle on est sûr ; on se détaille tout son bonheur avec une complaisance infinie. Cela se réduit à s'exagérer une propriété superbe, qui vient de nous tomber du ciel, que l'on ne connaît pas, et de la possession de laquelle on est assuré. Laissez travailler la tête d'un amant pendant vingt-quatre heures, et voici ce que vous trouverez. Aux mines de sel de Salzbourg, on jette dans les profondeurs abandonnées de la mine un rameau d'arbre effeuillé par l'hiver ; deux ou trois mois après, on le retire couvert de cristallisations brillantes : les plus petites branches, celles qui ne sont pas plus grosses que la patte d'une mésange, sont garnies d'une infinité de diamants mobiles et éblouissants ; on ne peut plus reconnaître le rameau primitif. Ce que j'appelle cristallisation, c'est l'opération de l'esprit, qui tire de tout ce qui se présente la découverte que l'objet aimé a de nouvelles perfections. » (De l'Amour, 1822.)

De même qu'une cristallisation de l'amour, il existe une cristallisation du désir. Je ne connais pas encore vraiment l'homme électrochoc, mais tout en lui bouleverse mes sens. Pour Stendhal, il suffit de penser à une perfection pour la voir dans ce qu'on aime. Il me suffit de penser à une partie de son corps pour voir la perfection partout.

Je suis en pleine cristallisation, j'imagine son corps en entier, et ce que j'imagine me bouleverse. Je sens le feu monter en moi, un feu de régénérescence. Je me tords de désir. Bientôt je viendrai au monde.

Et puis une nuit, j'ai joui.

Il neige en plein mois de mars. T. et Adèle fument devant un restaurant de Montmartre. Ils viennent de finir de dîner. T. plaque Adèle contre un mur. Il l'embrasse avec fougue. Il lui ouvre la fermeture éclair de son jean. Il glisse un doigt dans sa culotte. Il arrête. Lâche : « La prochaine fois, je te dégraferai le soutien-gorge. » Puis la laisse là, pantelante dans le froid, bouillante, fiévreuse, pleine de fiel Adèle.

Je n'en peux plus. Des semaines que nous jouons avec notre désir. Je n'en peux plus. Assez de maîtrise, assez de fantasmes. Il faut assouvir ce désir de plus en plus douloureux. Alors je prends les devants, je me fais maîtresse de mon destin. Je me prends en mains. Je pars à Rome pour le travail, l'homme électrochoc m'y retrouve. Pour ma renaissance.

Un rayon de soleil rouge perce au travers des rideaux. Je suis debout devant la fenêtre. Le Vatican et la coupole de la Basilique St Pierre sont baignés d'une lumière douce. La ville est ocre. Elle ne va pas tarder à s'endormir. Je me retourne. Il est là, sur le lit. Il dort nu sur le ventre. Il est temps. Je m'approche de lui. Caresse ses fesses. Il soupire. Se retourne. C'est maintenant.

Adèle s'allonge à côté de T. toute habillée. Il s'éveille de sa longue sieste pendant laquelle elle a pu contempler sa nudité, le creux délicieux de sa nuque, son dos puissant recouvert de tâches de beauté, ses fesses promesses de caresses. Il n'est que sensualité. Il est sur le flanc, il lui sourit. Approche sa bouche de son oreille, murmure : « Tu peux me toucher tu sais... » Le timbre chaud de sa voix la bouleverse, elle ferme les yeux et ose, enfin.

Et puis une nuit, j'ai joui.

Adèle est toute habillée et elle découvre le corps de T. Elle effleure cette peau au grain parfait, elle promène son index le long de son dos, de haut en bas, jusqu'au creux des reins. Elle marque une pause. Puis elle remonte des reins vers la nuque. Elle sent T. frémir sous son doigt. Elle sent sa peau douce se rétracter sous ses phalanges. Elle déploie sa main entière sur le dos de l'homme frissonnant, elle se découvre cet incroyable pouvoir. Elle sonde le corps de son amant, elle descend sur les fesses, les caresse sans cesse, s'attarde sur le galbe de ce cul, elle le claquerait bien, se retient. Il susurre : « C'est délicieux. » Elle dépose entre ses fesses un baiser audacieux.

« Tu es prête… »

T. se redresse, Adèle voit son membre qui se dresse. Enorme, elle le veut en elle. Elle n'ose le saisir. T. attrape la main d'Adèle, la pose sur sa verge. Elle la frôle d'abord. Puis elle exerce avec délicatesse une pression.

« Lentement, mais sûrement… »

T. guide la main d'Adèle, de bas en haut, de haut en bas, elle hésite, elle accélère, elle sent l'excitation monter en elle, en lui. Il faut qu'elle se déshabille, elle a chaud, si chaud, elle brûle d'envie de lui. Elle approche sa bouche de la calotte, T. gémit, presque comme une femme. Les soupirs de plaisir de son amant donne à Adèle de l'assurance. Elle se sent d'un coup intrépide, espiègle … Adèle lèche le sexe de T. Elle l'avale presque…

T. déshabille Adèle, doucement. Il lui retire son gilet, dépose un baiser au creux de son cou. « Un, deux, trois… » Il compte les boutons de son chemisier, prolonge la montée du désir.

« Mais tu n'as rien en dessous… »

T. découvre la poitrine d'Adèle, voluptueuse. Il s'en empare. Oublie la délicatesse. Il pince la pointe du sein droit, recouvre de salive le gauche.

« Ton corps est fait pour l'amour… »

T. mordille un sein, puis l'autre. Adèle s'en remet entièrement à cet homme. Elle caresse ses cheveux, il descend sa langue jusqu'à son nombril, s'y attarde, embrasse ses deux grains de beauté juste au dessus de l'orifice.

T. retire en même temps le jean et la petite culotte d'Adèle.

Et puis une nuit, j'ai joui.

Il la regarde. Sans la toucher. Adèle sent les yeux de T. s'attarder sur ses cuisses, ses jambes, son ventre, son pubis. Son regard la pénètre. Elle est toute mouillée à l'intérieur. Elle n'en peut plus de désir, elle a besoin d'être prise, pénétrée, fouillée. Elle l'implore sans émettre le moindre son, juste par son regard insistant. Il ne cède pas. Pas encore. Il la retourne, observe ses fesses, susurre « déesse »… Adèle est en vrac. Elle va exploser. Elle ose :

« Explose-moi… »

Alors T. l'embrasse avec emphase. Il est au-dessus d'Adèle, entre en elle, fort. S'empare de ses jambes, les remonte sur son dos. Donne de fougueux coups de reins. D'emblée, il trouve le point de jouissance. Adèle n'en revient pas d'une telle précision.

« Laisse-toi aller, je veux que tu jouisses, des heures s'il le faut… »

À aucun moment elle ne ferme les yeux, elle ne veut rien perdre de cet événement, ne rien manquer de ce ravissement. Elle admire le visage de T. qui se tord de plaisir, elle veut garder une photographie de chacune de ses expressions, de chaque mouvement de son corps. Inscrire cette nuit dans l'éternité de l'amour.

T. retourne Adèle. Il s'allonge sur elle, entre à nouveau dans son intimité de plus en plus humide. Son corps se fond dans celui d'Adèle. Il va et vient, puissant. Adèle halète sans cesse, désormais yeux fermés, elle ne fait plus qu'un avec son plaisir, son esprit se dilue dans les sensations, elle en oublie presque la présence de son formidable amant. Elle a l'impression que son vagin s'est liquéfié, que son clitoris s'est gorgé d'eau. Ses seins sont tendus comme jamais, son ventre est stimulé par de puissantes décharges. Adèle jouit, pour la première fois. Des larmes mouillent l'oreiller.

T. fait une pause. Il place Adèle sur le dos. Il écarte les jambes de son amante haletante.

« Garde les yeux fermés... » Il s'agenouille, tend le bras, saisit la bouteille posée sur la table de nuit, verse quelques gouttes sur le ventre d'Adèle. Elle se cambre au contact de l'élixir. Il lèche la sueur et l'alcool mêlés. Puis, il fait tomber plus de gouttes entre les jambes d'Adèle. Elle se cambre

encore surprise par le picotement dans son bas ventre. T. boit l'eau de vie sur le sexe d'Adèle. Elle crie « oh, je vis ! » Tout son corps tressaute. Puis elle s'enfonce dans le matelas. T. souffle à son oreille :

« J'ai le goût de ta jouissance dans la bouche. Envie de toi et de grappa. »

Cette nuit j'ai joui, j'ai joui pour la première fois de ma vie. J'ai senti cette chaleur intense m'emplir de l'intérieur, du vagin au cerveau, partout dans le ventre, la poitrine gonflée de plaisir, la bouche et les papilles pleines de saveurs inconnues. Mon corps a tressauté, j'en ai perdu le contrôle. Je suis émerveillée par ce que mon corps est capable de faire, de l'avoir confronté à ses limites.

La romancière Nikki Gemmell parle ainsi de sa jeune héroïne dans *Avec mon corps* après son premier orgasme initié par un homme plus âgé : « Devenue folle. Transformée en clôture électrique allumée par ses soins, toujours en état d'alerte, d'attente, aux aguets, toujours prête à crépiter, pétiller et bondir. Et répondre à ses moindres désirs. »

Il s'agit bien d'un courant électrique. Un coup de jus qui secoue, qui ramène à la vie. Un électrochoc dans l'extase qui confine presque à la crise de nerfs.

Ainsi Vénus, dans *Vie érotique* de la romancière et metteur en scène Delphine de Malherbe, vit ce tremblement des sens et de l'âme, cette stupéfiante découverte :

« Elle sentit de nouveaux spasmes monter, des spasmes d'une violence inconnue, celle d'un cri sourd, d'un cri si réel qu'il dégagea l'une de ses mains pour couvrir sa bouche (…). De son autre main, il descendit jusqu'à sa chatte qu'il colla bien contre son pubis, et il jouit en elle. Tous leurs muscles se relâchèrent. Ce moment fut pour eux comme la fonte des glaces pour l'univers. »

Henry Miller dépeint avec précision cet état proche de la transe. Avec un vocabulaire cru, ironique, mais tellement vrai. Ainsi dans la *Crucifixion en rose*, volume 1, *Sexus*, Miller écrit à propos de sa maîtresse : « Je fis basculer Mara par-dessus moi. J'avais déjà lâché ma bordée, qu'elle continuait à jouir, orgasme sur orgasme, au point que je pensais qu'elle n'en finirait jamais. (...) Sa bouche semblait plus grande, plus large, lascive dans toute la force du terme ; ses yeux chaviraient, comme si elle se préparait à piquer une crise d'épilepsie. »

Epilepsie, transe, quand tous les membres se crispent, sont tendus, se tordent, comme dans l'extrême jouissance.

Photographes et vidéastes se sont récemment penchés sur la représentation de l'orgasme de la femme. Ainsi la photographe Bettina Rheimsdans sa série de portraits *Just like a woman* (2008). Elle offre une mise en scène à la fois très esthétisante et très brute du désir féminin. Des clichés qui semblent avoir été pris sur le vif, juste après l'acte sexuel. Pour la première fois l'artiste cadre ses modèles au niveau du buste, vues de haut. Les jeunes femmes nues ou en soutien-gorge, portent des traces de lingerie trop serrée, de griffures d'hommes et toutes ont les joues rosées, les yeux presque révulsés, les lèvres pulpées par le plaisir, le visage extatique.

Si ces photographies ne sont que mises en scène, elles n'en demeurent pas moins criantes de vérité. Après ma première nuit multi orgasmique, je me suis empressée de me regarder dans le miroir de la salle de bain. De la tête aux pieds.

Des marques bleutées sur mes bras, mes cuisses, sur ma taille même… Des hématomes sans n'avoir reçu aucun coup. Les preuves de la jouissance. Mon corps tatoué par tant d'ardeur. Ma peau malaxée, secouée, pincée après tant d'années se teinte de bleu sous la pression des mains de mon amant.

Je me découvre un autre visage, à la fois apaisé et gonflé de désir. Mes pommettes me semblent plus saillantes, mon nez plus retroussé, mes traits plus matures. Je me découvre « plus » femme. Il y a surtout cette lueur étrange dans mes yeux, un regard à la fois assuré et lointain, comme encore perdu dans les affres de la jouissance. Comme ces femmes photographiées, j'ai un visage éthéré.

Et puis une nuit, j'ai joui.

L'orgasme mène la féminité dans des sphères sublimes, bien au-dessus des choses terrestres. L'orgasme fait de la femme un être supra naturel, et c'est ce que la plupart des hommes n'arrivent pas à saisir. Ainsi dans le porno, les réalisateurs peinent à filmer la jouissance des femmes, seules les réalisatrices y parviennent, en posant leur caméra sur les visages des actrices pendant l'orgasme et pas seulement sur les organes sexuels.

Abdellatif Kechiche a provoqué un malaise dans les scènes chaudes de *la Vie d'Adèle*, à la fois auprès de la communauté lesbienne que chez certains hommes. Les unes arguant que deux femmes ne font pas l'amour ainsi, les autres ayant du mal à prendre en pleine face tant de jouissance féminine partagée. Le malaise vient peut-être du fait que Kechiche a su saisir la supériorité de la femme dans l'extase. Et que notre société patriarcale n'est pas encore préparée à ce grand choc.

« Quand l'homme est nu, tout se voit. Quand la femme se déshabille, au contraire, tout est encore dissimulé. D'où le saisissement produit par l'Origine du monde de Courbet », déclarait en mars 2008 Alain Finkielkraut dans un entretien dans le *Nouvel Observateur*. C'est justement quand ce mystère se dévoile qu'il fait peur.

Dans *La vie d'Adèle*, Adèle et Emma jouissent comme jamais, elles se fessent, se pétrissent, s'embrassent à pleine bouche, s'aspirent, se mangent presque, elles mettent toute leur énergie au service de leur plaisir. C'est comme si elles flottaient au-dessus de leur couche. Deux corps en suspens. Elles gémissent, fort, des cris souvent qualifiés d'outrés, de ridicules, des cris d'une vérité brute.

Cette nuit, moi aussi j'ai poussé un grand cri, un cri de soulagement, une explosion, un court circuit entre corps et âme. Cette nuit, j'ai retrouvé ma voix. Ma voix intérieure. D'ailleurs, ma voix a changé, elle est plus rauque, moins adolescente. Cette nuit, j'ai pleinement compris ce qu'est le lâcher prise, l'abandon total, la beauté de l'animalité. « On n'est pas des bêtes, quand même ! » a répété mon amant après chaque coït, feignant la fatigue et la lassitude. Avant de bondir à nouveau sur moi et de me saisir par les hanches. De la bestialité pure, crue, violente. Du sexe qui retourne l'esprit. Je suis la *Vénus Erotica* d'Anaïs Nin :

« Quand elle fermait les yeux, elle avait l'impression qu'il avait plusieurs mains qui la caressaient partout, plusieurs bouches, qui frôlaient si délicatement tout son corps, s'attardant sur les parties les plus charnues où ses dents s'enfonçaient aiguisées comme celles d'un loup. Il était maintenant nu et s'était allongé sur elle. Elle aimait le poids de ce corps sur le sien, elle aimait se sentir brisée sous lui. Elle le voulait soudé à elle, de la bouche aux orteils. »

Cet homme-là par sa hardiesse, ses caresses, ses claques sur les fesses, a provoqué en moi un tremblement des sens, et a redonné à ma vie du sens. L'essence. Mon amant fait partie de cette caste rare d'hommes qui font l'amour avec héroïsme, qui aiment faire jouir les femmes avant d'envisager de jouir eux-mêmes. Des explorateurs et esthètes de la jouissance féminine. Je pense qu'ils ne sont pas si nombreux ces amants à la virilité pourtant surpuissante capables d'assumer leur part de féminité. Capables de transformer une femme en profondeur. Des hommes de cette caste, certaines femmes n'en rencontrent jamais.

Nikki Gemmell dresse également un portrait de ces amants bouleversants dans *Avec mon corps* :

« Il y a longtemps, vous avez fait une rencontre qui vous a secouée, grandie, rendue forte : celle d'un homme qui chérissait les femmes, qui n'en avait pas peur et qui vénérait leur corps. Il y a très peu d'hommes comme eux et lorsqu'une femme en trouve un, elle perçoit toute la différence dans leurs rapports sexuels. Elle ne sera plus jamais la même. »

Auprès de « l'homme électrochoc » « je suis » à fond, pour la première fois, je n'intellectualise pas une relation, je la vis. Je suis en pleine catharsis inversée. Pour une fois, je ne transforme pas mes émotions en pensées, mais je ne suis qu'émotions et j'arrête de penser.

Cette nuit torride, sa verge en moi c'était comme naître à nouveau. Plus il me la mettait, plus je me re-mettais. Je comprends enfin qui je suis. Une avide de sexe, qui découvre l'orgasme, le vrai, tardivement. Une amoureuse, une vraie, qui désire cet homme par tous les pores de sa peau. Une femme, enfin, gourmande, consciente de ses atouts, débordante de séduction. Parce que je me suis trouvée, je sais ce que je suis prête à vivre, à endurer, à accepter de lui. Dans le sexe, je dépasserai mes limites, tout cela me donne une assurance folle.

Plus Adèle branlait son amant, plus elle avait l'impression que rien ne pouvait l'ébranler.

Je suis enfin en accord avec mon intériorité profonde. Reliée à moi-même.

J'ai tendance à croire qu'au moment de l'orgasme, au moment de fusion des corps et des âmes, « la communion des corps-esprits » selon Belinda Cannone, auteur notamment de *l'Ecriture du désir*, le désir appartient à l'au-delà, à un Au-delà presque platonicien. Le seul au-delà auquel je crois.

Comme Belinda Cannone, je crois en une « religion du désir », religion au sens de *religere*, relier… Par mon désir, je tends vers l'autre, le désir me relie à l'autre. Et l'instant de pénétration vient exaucer mes prières.

Ce moment-là précisément. Au-delà, ou plutôt après la pénétration, l'union est déjà derrière, l'emballement dans le coït n'a qu'un but ultime : l'extase, l'orgasme. La jouissance suprême ne m'unie pas à l'autre mais au contraire me sépare de lui, me dissocie de lui. Je n'entends que mon plaisir. La fusion n'est qu'illusion, un moyen pour me connaître moi-même, pour persévérer dans mon être, comme dirait Spinoza.

Jouir n'est-ce pas le plaisir d'avoir du plaisir ? Sartre affirme qu' « il n'y a pas de plaisir qui ne se connaisse pas comme plaisir », pour moi, jouir c'est le plaisir d'avoir du désir et le désir d'avoir du plaisir à la fois.

« Le plaisir est dilution de soi dans la sensation », clame Belinda Cannone. Dans l'orgasme, c'est le contraire qui s'opère en moi.

Et puis une nuit, j'ai joui.

Quand je jouis, je dis oui, je me dis oui. Dans le tréfonds de ma jouissance, j'ai l'impression de me perdre, en réalité je vais à la rencontre de moi-même. De mon moi caché, de mon moi suprême. Le désir est comblé. Je me suis re-trouvée. La jouissance tue le désir, le désir est mort juste le temps de l'orgasme, une mort éphémère, la petite mort dit-on…

Dans ma vie d'avant, la vie privée de désir, je ne pouvais pas me sentir vivre pleinement, avoir la sensation de la plénitude de l'existence, puisque je n'avais jamais expérimenté ma propre mort. Au moment de jouir, je pense « je meurs », je le pense si fort que mon amant l'entend. Lui me répond « moi je vis ». Alors je lui rétorque « c'est exactement ça, je meurs donc je vis. »

Depuis que je jouis, je suis devenue une femme solaire. Je suis passée de l'ombre à la lumière. Le plaisir fait désormais partie de mon quotidien et je ne suis plus la même. Je vis une métamorphose physique d'abord, j'assume mes formes, je perçois mon corps comme un atout et plus comme un poids. Ma garde-robe est plus féminine, j'ose mini-jupes et talons. Cette métamorphose physique passe par une éclosion psychique. Mes rapports avec les autres évoluent. J'ose dire non à mes chefs, des hommes qui plus est, j'ose m'affirmer par rapport à mes collègues, je suis consciente de ma valeur, de ce que je peux apporter à l'équipe. Les gens le sentent et me respectent d'autant plus. Je suis plus audacieuse au travail, plus efficace. Dans mon métier de journaliste, mon écriture se lâche. Je ne me retiens plus. Sur le plan professionnel, comme intime, je prends des risques. Je vais jusqu'à changer de mode de vie après quinze années passées dans le même journal. Mes choix sont tranchés. Je me sens forte, battante. Certains proches disent ne plus me reconnaître. Je ne balbutie plus, ma voix n'est plus la même. Je prends forme.

Je m'ouvre au monde, je jouis du monde, je suis moins solitaire, je danse, je ris, je partage mes idées plus volontiers avec mes amis.

La jouissance et le désir ont fait émerger la femme qui sommeillait en moi. La jouissance et le désir ou la meilleure des psychanalyses.

En manque

Cette nuit, T. n'avait qu'une obsession. Enfoncer sa verge dans le cul d'Adèle. La prendre par derrière, surprendre ses arrières. Avant lui, personne ou presque ne l'avait possédée de la sorte. Avant lui, personne ou presque n'avait fait voyager son corps. Un voyage jusqu'aux tréfonds de son âme. Alors elle pouvait bien lui offrir son cul. Elle adorait se mettre à quatre pattes sur le lit, les jambes à peine écartées. Lui, commençait à lui caresser l'anus, à tourner autour avec ses doigts, avant d'y introduire sa langue, longuement, profondément, intensément. C'était délicieux. Puis il saisissait son sexe, lui tapotait les fesses avec, avant de lui glisser à l'oreille « c'est toi qui mène la danse »… Alors elle l'autorisait à la pénétrer, doucement. Comme il lui demandait, elle commençait à mener la danse. Lui ne bougeait pas. Elle faisait des va-et-vient autour de son sexe incroyablement dur.

Puis il commençait son ballet, haletant à chaque coup de reins. Elle ne sentait aucune douleur, elle était trempée de partout, de sueur, de bave, de leurs sucs mélangés. Il s'enfonçait de plus en plus, fouillait des zones inexplorées. Il s'est retourné, lui a écarté les jambes. Maintenant Adèle sentait sa langue s'immiscer dans son vagin. Ressortir pour se poser précise sur son bouton. Son corps n'était plus que frissons, du haut de la nuque, jusqu'à son petit orteil en passant par son clitoris de plus en plus gonflé, comme en érection. Ainsi, elle comprenait pleinement ce que signifiait appartenir à quelqu'un. Totalement enfoncé en elle, il collait son ventre, son torse, contre le ventre d'Adèle. Totalement aplatie sous lui, engloutie par son appétit d'elle, aspirée, il n'y avait plus que leurs corps au monde. Ils étaient la mappemonde. Lui le MachuPichu, la Tour Eiffel, les Pyramides de

Giseh, elle le Grand Canyon, la porte d'Ishtar et l'Opéra de Sydney.

Comment sortir indemne de tant de jouissance ?

Après plusieurs semaines de plaisir intense, de retrouvailles enflammées, d'état d'émerveillement suivi d'apaisement, la souffrance s'inscrit au tableau de mon bonheur.

Mon désir est de plus en plus douloureux. Dès que mon désir est satisfait, je me sens de plus en plus frustrée. Après chaque étreinte, la même crainte. Celle de devoir vivre le manque. Ce manque, latent, insidieux, ce monstre tapi pendant la célébration des sens qui surgit après chaque orgasme. Je jouis puis je prends peur. Déjà la séparation qui s'annonce. Je voudrais vivre tout le temps en osmose avec mon amant. Je souffre de ne pas être serrée dans ses bras tous les jours. Il m'a tellement retournée, dès qu'il s'éloigne de moi, je panique, mon corps se met à trembler, une nausée aigre emplit ma gorge, l'angoisse me noue le ventre. Après le plaisir, je traverse une zone de turbulences. Désormais, j'ai l'impression qu'à chaque fois que nous avons fini de faire l'amour, je perds un peu plus de mon être, je me vide un peu plus de mon sang. Exsangue.

Je lui en veux de me laisser là, seule avec mon trop plein d'émotions. Le désir est irraisonné, révèle ma véritable nature : je suis une passionnée. Une passionnée vouée à souffrir. Une passionnée qui s'épuise dans l'attente, qui « éprouve » son plaisir plutôt que de le savourer comme au début de l'histoire. Jouissance et souffrance me semblent désormais aller de pair. Dans notre couple, il est le jouisseur, je suis la souffrante. Chaque fois que la porte se referme, je le sens qui s'éloigne. Je suis prisonnière de mon désir, de ce désir obsessionnel qui maintenant me ronge, me consume de l'intérieur. Je perds du poids, je perds de moi, j'ai basculé dans l'aliénation. J'ai honte, j'aimerais retrouver la légèreté de nos débuts. Nous sommes peut-être allés trop loin et trop vite dans l'exploration de notre plaisir. Il ne comprend pas, il s'éloigne…

Dès qu'il s'en va, mon cœur se serre, mon corps et mon âme le réclament. Je le veux encore contre moi, dans moi, je veux ses mains sur mes hanches, ses lèvres dans ma bouche, sur mon ventre et plus.

Un tel désir n'est que pure folie, il faut que cela cesse. Mon désir fait de moi une possessive, une incorrigible capricieuse, je ne pense pas à son bien ni même au mien. Je me méprends dans la jouissance. Je suis détestable.

À chaque fois qu'il s'en va, je me sens comme Vénus dans *Vie érotique* de Delphine de Malherbe : « Elle voudrait être lui. Elle ne lui voulait pas du bien : elle voulait le garder, le dévorer, le mâcher, le digérer, puis accoucher de lui pour que de nouveau il grandisse et revienne la baiser. La baiser comme un monstre. Elle voulait le tuer, le conquérir par les armes et le feu, le ligoter, et c'était lui qui partait. »

Mon amant sent le danger de mon désir de plus en plus lourd, pesant, exigeant. Mon désir le tourmente. Mais il revient toujours, comme un aimant. Puis, il se fait distant. De plus en plus méfiant. J'ai l'impression qu'il n'a plus autant faim de moi. Ma volupté le bouffe. J'ai de violents orgasmes, dans ses bras je crois devenir folle de plaisir, puis j'ai mal. Tellement mal.

Le cœur d'Adèle saigne. Elle balance le téléphone de T. contre le mur. « Laissons aller nos cœurs… » Le message qu'elle vient de découvrir ne lui est pas adressé. Leur histoire n'a aucun sens. T. lui assure que l'autre c'est rien, qu'elle c'est tout. Que l'autre n'existe déjà plus. Qu'elle est juste une silhouette croisée dans une soirée arrosée. Adèle pense que T. ne la mérite pas. Elle ne croit plus en rien. Adèle ne veut plus de lui. Et puis non, elle le désire plus que jamais. Elle se jette sur lui. En larmes, elle le frappe à la poitrine, d'abord un coup de poing, puis deux, puis elle couvre son torse de gifles. Il ne se défend pas. Il est désarmé par tant de violence et de douleur. Il la prend dans ses bras. La plaque contre le lit et lui fait l'amour, très fort, si fort qu'Adèle comprend que ce sera peut-être leur dernière étreinte. Etreintes brisées. Il lui demande de partir. La met à la porte. Le cœur d'Adèle saigne.

Je suis KO, chaos, affalée sur le pas de sa porte. Cette porte qu'il ne daigne plus m'ouvrir. Ce n'est pas possible, perdre l'homme électrochoc est inenvisageable.

Après une telle mise à nu, il ne peut pas m'infliger pareil rejet. Il ose la privation, il prend le pouvoir par l'absence, il use du silence. Il châtie mes ardeurs, il punit mon trop plein de sensualité. Il me donne une leçon.

Il fait silence. Un silence torture. L'été aurait pu être chaud. Il est glacé. Je deviens dingue. Je l'imagine faisant jouir d'autres femmes, je n'arrive pas à renoncer. À quoi ? À lui ? À la jouissance entre ses mains ? À lui et à la jouissance ? Je tente de me raisonner ; il n'est qu'un homme, il n'a rien de si spécial. Je suis belle, je suis jeune, je peux plaire et jouir encore. Mais je ne veux que lui. C'est lui l'homme électrochoc, aucun autre ne peut me faire jouir ainsi, j'en suis persuadée. Il a tatoué mon être pour toujours.

Sans lui, je suis amputée. Comment passer de manière aussi brutale d'une vie régie par la sensualité à ce vide, ce néant de sensations et d'émotions ? Mon corps qui était il y a peu une source de plaisirs infinie n'est plus que douleur atroce. Le manque a pris possession de tous mes membres. Je me réveille tous les matins avec le soleil. Je tends mon bras sur le drap froid. Un froid qui brûle, un froid qui détruit. Il n'est pas là. J'ai encore rêvé de lui. Il me baise en songes. Je suis encore imprégnée de sa sueur, j'ai encore son odeur en moi. Je le sens en moi. Je l'ai dans la peau.

Tobie Nathan affuble à l'odeur corporelle un pouvoir incroyable dans le désir et la passion amoureuse. L'odeur s'insinue au plus profond de l'intime.

« Il n'est guère que le toucher qui peut être comparé à l'odorat, un sens immédiat, lui aussi, où on ne sait distinguer qui touche de ce qui est touché. Mais le toucher est généralement guidé par le regard alors que l'odeur s'infiltre, invisible, jusqu'au tréfonds. »

J'ai tellement envie de lui, mais je m'interdis de l'appeler. Il ne supporte plus que je le sollicite. Il est le maître du jeu. Moi je perds mon

Je. J'hurle de douleur. Je me recroqueville sur mon lit en position de fœtus, je me tords dans tous les sens. Je suis en manque. Je me damnerais pour une seule nuit d'amour avec lui, rien qu'une seule dose. J'implore le ciel pour qu'il me revienne. Quand le désir n'est plus assouvi vient la dictature du manque. Comme la pire des toxicos, je suis accro.

Chagrin d'amour ou désir frustré ? Les deux je pense. Amoureuse ou accro au sexe ? Une addiction à cet homme ou à l'acte sexuel ? Difficile de démêler cet imbroglio d'émotions. Je cherche des réponses dans mes lectures, je veux comprendre ma frustration. Je me sens proche plus que jamais d'une Emma Bovary bouleversée par son libertin Rodolphe :

« Eh quoi ! dit-il, ne savez-vous pas qu'il y a des âmes sans cesse tourmentées ? Il leur faut tour à tourle rêve et l'action, les passions les plus pures, les jouissances les plus furieuses, et l'on se jette ainsi dans toutes sortes de fantaisies, de folies. »

Je dois faire partie de ces âmes passionnées, jouisseuses à l'extrême. Je pense à la sauvageonne du bush de Nikki Gemmell abandonnée du jour au lendemain par son initiateur à la jouissance.

« La grille est toujours fermée (...) Et puis il y a les matins. Tous ces matins, dans votre vieux lit d'enfant, juste avant le réveil. Poignardée de douleur par le désir qu'il touche votre chatte, qu'il l'effleure juste. Votre corps se met à vrombir et vous vous réveillez en sursaut, dans le vide. »

Chez Kechiche aussi le souvenir de l'extase partagée avec Emma hante la jeune Adèle. Ses nuits de solitude sont peuplées par des rêves érotiques d'une précision redoutable qui l'accablent au réveil quand elle découvre le vide dans son lit.

Sappho dans sa *lettre à Phaon* décrit cet état de réminiscence de l'étreinte dans la séparation : « C'est à toi que me ramènent mes songes qui sont plus éclatants qu'une belle journée. Là, je te retrouve malgré ton absence mais ces joies que me donne le sommeil ne sont pas assez durables. Souvent, il me semble que j'appuie ma tête sur tes bras ou que tu as posé la tienne sur les miens. Je reconnais les baisers dont tu chargeais ta langue. Tu savais si bien les recevoir et si bien les donner ! Quelque fois, je te caresse et je prononce des paroles tout à fait semblables aux vraies : ma bouche reste éveillée pour servir mes sens. J'ai honte d'en dire plus, mais tout s'accomplit, je jouis et ne puis rester sèche. »

L'inconscient malmène la femme désirante en manque, lui rappelant à chaque instant la douloureuse sensation de la jouissance. Je me documente alors sur la notion de manque en psychanalyse. Freud, Lacan… Mon désir serait celui d'une hystérique, une hystérique qui vise chez l'Autre son manque. Combler l'Autre, combler son désir, voilà la mission que je me donne, au prix de sacrifier le mien de désir. Je suis dans le don de moi, un don aveugle mais qui ne me satisfait plus. Puisque je donne, puisque je me donne, j'attends une réponse en retour. J'attends l'amour, évidemment.

Un amour où il resterait toujours quelque chose à conquérir, à découvrir, à désirer. Un amour qui me maintienne vivante, toujours. Un amour pour l'Autre, incarnation d'une jouissance sans limite.

« J'ai besoin de toi plus que quiconque. Besoin de toi comme de la vie même », écrit Anaïs Nin dans *le Feu, Journal de l'Amour*. « C'est par la souffrance qu'un amour sage se transforme en passion. Et j'ai senti tout le danger, toute la perversité. En marchant vers ce bateau, qui arrivait dans le brouillard. J'ai tout compris : quelle que soit la forme d'amour que je peux porter aux autres, dès qu'apparaît Henry, je sens dans mon ventre un désir et une excitation que je n'éprouve pour personne d'autre. » Le 26 janvier 1935, Henry Miller débarque à New York du paquebot qui l'amène de France. Anaïs Nin l'installe au Barbizan Plaza Hôtel. Sitôt Miller sur place, leur relation reprend, avec la même frénésie qu'auparavant. « Cette façon qu'il a de pénétrer dans tout mon être, par tous mes pores, dans la moindre de mes cellules, avec sa voix, ses yeux bleus, sa peau, tout. Une invasion ». L'amour passionné de Miller manquait à son existence, elle se sent revivre entre ses mains. « Je n'ai jamais vécu aussi intensément, jamais ». Anaïs précise : « Riant, pleurant. Extase, délire, paix, épuisement, passion, douleur, joie, paix, illuminations, souffrance, vie. »

Je sais que je vais retrouver l'homme électrochoc. Lui aussi est au proie au manque, il ne me l'avoue pas, évidemment, mais après six semaines de privation il se rappelle à moi.

Un jeudi soir sur la terre, Paris 10e précisément. Adèle, pressée de retrouver T., sûre de son pouvoir d'attraction sur lui, mais rongée intérieurement par le doute. Alors, dans la rame de métro bondée des angoisses des autres, elle ferme les yeux sur la musique suave de son i-pod. Se remémore les moments délicieux passés avec lui. Se dit peut-être ce soir ce sera la dernière, avec cette étrange intuition que malgré ses voltefaces, ses coups de frein maladroits, il est tout près d'elle pour longtemps. Et ce n'est pas qu'une histoire de coups de reins. Il l'a vue toute nue, il l'a vue toute crue. Alors elle y a cru. Avec lui, elle se sent belle au naturelle, elle touche enfin au lâcher-prise, à l'abandon du corps et de l'âme. Il a révélé sa sensualité enfouie, sa voix de femme. Elle se dit qu'il est le premier à qui elle se donne Bohême, mais elle n'est pas certaine qu'il l'aime. Alors, elle pense qu'à d'autres elle pourrait encore s'abandonner, d'ailleurs ils sont là autour, si proches, très proches, mais elle craint le monotone de leurs chansons. Pourtant elle se sent libre, enfin. Ivre de pouvoir choisir sa voie, et de l'inclure encore dans sa trajectoire. Elle en a croisé des plus élégants, des plus esthétiques, mais quel ennui. Lui a ce petit quelque chose en plus, ce grain de sensualité dans la voix, cet air malin, coquin et en même temps cette tristesse insondable dans le regard. Elle sait bien que derrière sa jovialité apparente se cache de complexes souffrances, que ses cabrioles de danseur martial masquent les cicatrices de blessures encore bien vives. Alors il séduit, c'est sa façon à lui de se protéger. Elle le comprend, et le prend ainsi. Il lui a confié que son cœur est handicap. Elle se dit que ce n'est pas son problème, elle prend de la distance pour qu'il ne la mette pas en miettes, ne pense plus amour toujours mais Lui dans sa vie, quand même. Quand m'aime? Qu'importe. Et puis, elle aime revivre à chaque fois le délicieux jeu de la séduction, elle sait bien que ce n'est qu'il-lusion, que cela ne durera pas éternellement, qu'il en a quarante et qu'il ne changera pas, qu'elle en a trente-cinq et qu'elle est à la croisée des chemins. Mais ce qu'elle se sent bien quand il oublie ses peurs, quand ses mains l'effleurent, son regard se fait miroir et leur intimité nocturne s'imbrique. Elle ne l'idéalise plus, n'attend plus qu'il la surprenne, il est juste dans sa vie. Quelque part entre le cœur et l'esprit. Et elle sourit.

Nous formons un couple érotique, il ne peut en être autrement. Nos corps réclament à nouveau la fusion. Je n'ai rien oublié de sa voix, de sa peau, de ses doigts. Je m'accroche à ses bras. Il entre en moi. Qui d'autre m'aimera comme ça ?

Nymphomania

Nymphomanie. — Cet état consiste dans des désirs tumultueux, une exaltation du sens génital et un penchant immodéré, presque irrésistible pour la fréquentation des hommes. On peut observer chez une véritable nymphomane une sorte de gêne épigastrique, de suggestion utérine, d'angoisses et d'inquiétude, des agaceries gracieuses, des regards tendrement expressifs, des sollicitations sous toutes les formes, des attitudes provocatrices, des familiarités insolites, des paroles suppliantes, caressantes et lascives, des poses lubriques, puis l'état complet de nudité, la fureur vénérienne, les cris amoureux et les mouvements désordonnés des organes génitaux en proie à la plus violente excitation. L'orage se calme, des sensations insensées persistent cependant, et elles provoquent à la première occasion de nouveaux et impérieux désirs, que les plus grands excès n'assouvissent en rien !

Henri Legrand du Saulle, *La folie devant les tribunaux* (1884).

« Couche avec moi, couche avec d'autres et tu verras… »

Il m'assène la phrase comme un coup de poing en plein cœur.

J'entends « si tu couches avec d'autres, moi aussi je m'autorise cette liberté. »

Il ne me veut pas en exclusivité. Pas maintenant. Il n'est pas prêt. Il n'a pas encore confiance en moi. Je le prends au mot, cela doit faire partie de mon initiation. Ma mise à l'épreuve. Il veut savoir. Suis-je avec lui parce qu'il est le premier à m'avoir fait jouir ? Suis-je avec lui pour des bonnes raisons ? Je comprends sa démarche, même si c'est douloureux. Il veut comprendre si je ne jouis vraiment qu'avec lui, il veut que j'éprouve mon désir dans d'autres bras, avec d'autres hommes au risque de me perdre. Il sait mon désir insatiable, il le craint. Il a deviné mieux que quiconque mon insécurité affective, il flaire en moi un « potentiel nymphomaniaque ». Il veut que je me confronte à moi-même, que je ne m'égare pas dans ma quête d'identité.

Certaines femmes ne veulent pas mêler désir et amour, corps et cœur, d'autres pensent au contraire que le sexe hors l'amour est toujours dégradant… Dans *Nymphomaniac* de Lars Von Trier, Joe fuit le sentiment dans l'orgasme. En clamant « *mea vulva, mea maxima vulva* », elle répudie toute forme d'attachement affectif dans le sexe. Elle passe d'un partenaire l'autre sans aucun partage, elle jouit, seule, elle se sert du corps de l'autre comme d'un véritable jouet pour assouvir ses pulsions. Puis un jour, elle ne jouit plus. « Je ne sens plus rien », dit-elle rongée par la peur. Cette perte de la sensation et du plaisir intervient au moment de sa vie où elle cède à l'amour. Son avidité et sa sexualité compulsive ne s'accordent plus avec les velléités du quotidien et de la vie en couple. Joe cherche à réveiller son désir, jusqu'à se faire fouetter pour souffrir, jouer avec la mort, et raviver enfin le plaisir.

« Je baise comme je respire », écrit sans ambages Catherine Millet dans *la Vie sexuelle de Catherine M.* Elle livre d'une écriture sèche, dépourvue d'affect, comme son héroïne, le menu des pratiques sexuelles d'une « fille qui couche avec plein de monde », qui « partouze », « suce » et offre son corps « à un nombre incalculable de mains et de verges ». Un bon petit soldat du sexe, qui fuit l'amour. Une stratégie anti-érotique, en somme.

Anaïs Nin tente d'apaiser ses pulsions sexuelles par l'écriture, mais l'écriture la rend encore plus vorace. C'est un cercle vicieux pour elle. Elle cherche à exacerber la vie jusqu'au bout pour en extraire l'incandescente matière que seule est en mesure de refroidir l'écriture. Se raconter pour fixer le vécu dans sa vivacité même et jouer des mots pour apaiser le feu qui brûle de l'intérieur.

« Mais, à peine la douleur de la brûlure est-elle apaisée que le démon d'Anaïs souffle à nouveau sur les braises. Il faut de nouvelles victimes à ce Sphinx insatiable qu'est le Journal, analyse le psychanalyste Bernard Chouvier dans un article intitulé *L'impudique et la passion de l'extrême : Anaïs Nin à l'épreuve américaine, décembre 1934-juin 1935*. « Anaïs renoue également très vite avec les rencontres de passage. À peine a-t-elle formulé le désir de se consacrer à un seul homme, qu'il est déjà oublié. Mais le retour d'Henry Miller, puis celui de son mari ne suffisent pas à combler son attente. Chacun d'eux lui apporte quelque chose de différent, et la satisfait, mais en partie seulement. Il reste cet indéfinissable qu'elle cherche dans le regard de chaque homme qui passe. Elle veut séduire partout où elle se trouve. Il faut qu'elle séduise, quitte à épuiser son énergie, quitte à s'y perdre. En collectionneuse, elle multiplie les aventures et affiche ses conquêtes dans le Journal, comme sur un tableau de chasse. »

Nin l'écrivaine se nourrit d'Anaïs la femme désirante, Anaïs jamais repue. Même quand elle aime.

Je ne sais pas encore où me situer. Du côté du cœur ou du côté du corps ? Je n'ai pas assez vécu. Avant de me mettre en couple avec mon ex mari, j'ai éprouvé le besoin de coucher avec plusieurs hommes en quelques semaines. Je ne me souviens ni de leur visage, ni de leur corps. Je n'y ai trouvé aucun plaisir. À l'époque, je n'étais pas bien avec mon corps, plutôt adepte du col roulé que du décolleté. Qu'en est-il aujourd'hui avec ce corps désirant, ce corps épanoui de jouisseuse ?

Gomme-t-on le désir d'un homme par les caresses d'un autre ou de plusieurs autres ? Non, écrit Françoise Simpère, dans son recueil de nouvelles érotiques, *Des désirs et des hommes*, qui dépeint pourtant les aventures de libertines. « Je peux vous raconter mille plaisirs loin de vous, des jeux de séduction, des regards, des caresses même, chapardées à d'autres hommes comme une galopine que je suis, mais de désir point. Je vous suis infidèle pour entretenir en moi un feu permanent qui me permettra de m'offrir à vous très vite, sans chercher dans ma mémoire des fantômes de sensations le jour où je vous reverrai. Je ne veux pas que vos absences éteignent mon corps, de peur qu'un jour vous n'arriviez plus à le rallumer. »

Vais-je atténuer mon désir immense pour l'homme électrochoc si je couche avec d'autres ? Pour le savoir, il faut que je m'enivre de sexe quitte à m'en dégoûter, goûter la semence âcre d'autres amants. Je m'autorise une séquence « nymphomaniaque ». Des hommes qui me courtisaient auparavant, ou des inconnus attirants. J'en retiendrai quatre dans mon cheminement.

1. L'amoureux transi

Adèle en sous-vêtements de dentelle noire, s'approche du lit king size d'une chambre d'hôtel luxueuse. Un homme la dévore des yeux. Il lui tend une coupelle de fruits et une coupe de champagne. Elle boit le champagne, ne touche pas aux fruits. L'homme est un ami qui lui déclare sa flamme deux fois par an depuis dix ans. Elle ne l'aime pas, le désire à peine, il dégouline de mièvres sentiments. Adèle est cruelle, elle a besoin de lui. Pas de sentiment, pas de sensiblerie, juste du sexe. Adèle va sur l'autel du sacrifice. Elle met la main sur la bouche de V., le chevauche, saisit son sexe en érection et l'enfonce en elle. Il s'agite en elle, il geint, Adèle ne sent rien.

Il la pénètre et elle sent le vide en elle. Elle n'aime pas l'odeur de sa peau, trop sucrée, mais elle veut gommer celle de T. T. sent l'orient, sent la sueur et le sang. V. se frotte sur elle, c'est désagréable, dégradant presque. Adèle a besoin de sentir le néant dans l'acte sexuel, pour se guérir du désir qui parfois l'épuise. V. est sur le point de jouir, Adèle ne le laisse pas éjaculer en elle. Elle ne veut plus rien de lui en elle. V. baisse les yeux. Adèle s'allonge et lui tourne le dos. « Et maintenant, va-t'en ! »

Pour la première fois, je me suis servie d'un homme, je n'ai même pas eu besoin de jeu de séduction avec lui. Il était déjà tout acquis. J'ai été le chercher, il a accouru, sachant très bien ce à quoi il s'exposait. À mon mépris. Pour la première fois, je suis cruelle avec un homme, pour la première fois je ne respecte pas un homme, et quelque part je ne me respecte pas. Je me sens sale de l'avoir utilisé, de l'avoir dupé, blessé. Je n'ai pris aucun plaisir, je ne le désire pas. Faire l'amour de manière mécanique, sans sensualité me semble vanité.

« La volupté est chez la femme une sorte d'envoûtement ; elle réclame un total abandon ; si des mots ou des gestes contestent la magie des caresses, l'envoûtement se dissipe », affirme avec justesse Simone De Beauvoir. Cette nuit, ma volupté s'est mise en berne, je suis à nouveau cette femme froide. Envie puissante de retourner dans les bras de l'homme électrochoc afin qu'il m'électrise. J'ai fait l'amour avec un autre et c'est mon homme que je désire encore plus.

2. L'esthète

Adèle est au Grand Palais avec un homme plus âgé. Il travaille dans un cabinet ministériel. Il lui dit qu'elle devrait faire du cinéma, qu'elle est belle et qu'elle a du charisme. Pure bagatelle, Adèle est trop vieille, il drague à l'ancienne. Il veut survoler avec elle l'Amazonie dans son avion privé. Elle lui parle de T. Il lui dit qu'il faut qu'elle l'oublie, ou alors qu'elle le garde juste pour le cul. « Tu dois croquer la vie à pleines dents, bouffer bites et chattes s'il le faut, surtout ne pas te laisser enfermer par un amour exclusif. » Elle lui demande si cela ne le gênerait pas si elle baisait avec d'autres... « Non, si je sais que je peux t'avoir à moi tout seul deux heures par semaine. Je veux te faire du bien. Te guérir. » Devant les toiles de Matisse, ils ne se parlent pas. Le musée se vide. L'homme embrasse Adèle. Le dernier gardien s'en va. « Avec moi ma belle ce sera du cul-turel. » L'homme entraîne Adèle dans une salle où sont entreposées des sculptures. Il la déshabille. Le souffle de l'homme se fait court, de plus en plus court. Adèle a sa petite robe noire sur les chevilles. L'homme la regarde en sous-vêtements, il la détaille. Il commence à dégrafer son soutien-gorge. Se tétanise une bonne minute. Impatiente, Adèle retire elle-même le soutien-gorge. L'homme sort une lampe torche, la braque sur ses seins nus et blancs. Il lui lèche les mamelons. Longtemps. Il lui déchire sa culotte qu'il jette sur un Niki de Saint-Phalle. Il la regarde, de longues minutes, la pénètre, jouit, et se retire aussitôt.

J'ai aimé passer du temps avec cet homme mature, intellectuel, délicat. En sa compagnie, je me suis sentie belle, désirable, mise en éclat. Il lie la jouissance à l'art, c'est un esthète capable de jouir rien qu'en détaillant un corps de femme, comme il prend un plaisir immense devant une œuvre d'art. Alors il collectionne les maîtresses comme les peintures, les livres, les sculptures. Pour lui, la jouissance sexuelle est redoublée de la jouissance esthétique. C'est très troublant. Du coup, il jouit vite, précocement. Il m'explique

que toute la soirée devant les œuvres de Matisse, il bouillonnait en lui, son excitation était à son comble ; pour lui, se rendre à cette exposition avec moi était une forme de préliminaires à la rencontre de nos corps. C'est pourquoi, il n'a pu se retenir. J'ai été touchée par sa fébrilité, sa sensibilité, les tremblements de ses mains au moment de découvrir ma nudité. J'ai ressenti du plaisir en sa compagnie, de l'agrément plutôt que du plaisir sexuel. De l'attendrissement aussi, mais je n'ai pas eu le temps de jouir, et même s'il m'en avait laissé le loisir, je suis certaine que je n'aurais pas eu d'orgasme avec lui.

3. Le photographe

Le corps d'Adèle est plaqué contre le mur. Un jeune homme très brun lui mord les seins. Adèle a mal. Elle ne dit rien. Le jeune homme serre le cou d'Adèle en même temps qu'il la pénètre. Il lui mord un sein à nouveau. Elle gémit. Il lui plaque la main sur la bouche. L'empêche de parler. Il la prend debout, sans ménagement. Il dit, plein d'assurance : « Je vais tellement te baiser que ton corps s'en souviendra pendant des semaines. Et quand je reviendrai à Paris, je recommencerai. » Elle dit, surprise par tant de bestialité : « Tu baises comme on fait la guerre. » Il répond : « La guerre, je la photographie, la violence, je la vis en quotidien. Alors quand une femme comme toi m'offre son corps, je le possède, pleinement, comme si c'était la dernière fois à chaque fois. » Adèle aime sa virilité, son tatouage tribal sur l'épaule. Plus fort !

Le jeune homme brun la prend puissant contre le mur, elle a les seins écrasés, elle sent la montée du plaisir. Puis plus rien. Il se retire, éjacule, remet son pantalon, referme sa braguette, enfile son sweat à capuche, sa veste de cuir. Adèle a les cheveux en bataille, elle reprend son souffle. Elle regarde son amant d'un soir se préparer à partir. Il ne se retourne pas. Peu importe si elle a joui ou pas, ce n'est pas son problème.

Le photographe m'a secouée. Nous avons fait l'amour seulement deux heures après notre rencontre. Il vit au Moyen-Orient, ne vient à Paris qu'une fois de temps en temps. L'amant de passage idéal. Le coup entre deux portes, sans blabla, sans préliminaires, juste du sexe. D'emblée, il a posé les règles, et je suis entrée dans son jeu. J'ai pensé qu'avec lui ce serait la bonne, l'orgasme facile garanti. Mais le photographe n'aime pas vraiment les femmes, il les prend, sauvagement, sans se soucier du désir de l'autre ; le photographe n'écoute que son désir à lui, son envie de posséder un corps, de le mordre et de s'en repaître avant de se remettre en chasse. Le photographe est un prédateur. Dans sa profession, il est un voleur d'images, de vie, dans son intimité, il est un voleur de corps. Je me suis tout de suite confiée à ses mains assurées, des mains faites pour saisir, pour serrer, pour presser, mais par pour aimer. Il a su malmener mon désir, le faire monter puissamment, avec lui j'ai perdu le contrôle, je n'ai rien pu tenter, je n'ai même pas pu le toucher. J'ai senti la violence en lui, et cela m'a tout de suite plu. Le photographe a ravivé le viol en moi, pas pour le subir mais pour le transcender. J'ai pris du plaisir, un plaisir brutalement avorté par son éjaculation. Une frustration immense qui a cédé la place à un grand vide.

Qu'est-ce que je gagne à donner mon corps à des hommes qui ne se préoccupent pas de mon plaisir, qui n'écoutent pas mes désirs ? Rien ou pas grand chose sinon de me rassurer sur ma capacité de séduction. À passer de bras en bras, de l'amoureux transi à l'esthète, de l'esthète au photographe, et d'autres encore qui ne suscitent aucune émotion, aucune réflexion, qui ne donnent aucune direction à mon parcours, je me perds un peu plus à chaque fois. Tout ceci me semble feint et vain.

J'ai besoin de me retrouver auprès de mon amant. Je lui raconte mes expériences. Il est surpris. Pourtant j'ai appliqué à la lettre sa volonté « couche avec moi, couche avec d'autres… » Puis il dit « c'est très bien, maintenant tu sais… » Je ne suis pas une nymphomane.

4. « Le confident »

Les doigts du confident s'enfoncent dans sa bouche. La langue d'Adèle joue avec ses phalanges, la main du confident joue sous la table avec le bracelet de sa cheville gauche. Ses yeux sont lubriques, il joue avec son désir, il est sadique. Il lui dit avoir la trique. La nuit ne leur appartient pas, seulement la soirée. Il veut rester des heures à parler, à la titiller, à mettre leur corps à l'épreuve, à les mettre en danger. À la table à côté, un couple à peine sorti de l'adolescence boit du champagne et rougit. Ce soir, il n'est pas avec sa femme, Adèle n'est pas avec Lui. Ce soir, ils forment un couple. Légitime, illégitime, qu'importe. Ils se confient leur besoin dévorant d'affection, d'attention. Il ne s'agit pas d'adultère mais de deux adultes qui errent entre désir inassouvi, tendresse amusée, étrange complicité. « Que nous arrive-t-il mon cher ? » « Ce soir, nous ne sommes pas sages, et je n'ai pas envie que tu sois de passage, ma chère. Ce soir, j'ai envie de t'avaler. »

Adèle n'a pas vraiment faim, ou alors faim de lui, de ses paroles, de ce corps qui ne la possède pas, qu'elle ne possèdera jamais. Le dîner tourne sensuel. Il prend les doigts d'Adèle pour les lécher. Il pousse des soupirs.

« – De quelle couleur elle est ?

– Quoi ?

– Ta culotte…

– Tu n'as qu'à me suivre chez moi pour regarder par toi-même…

– 1/ cela n'arrivera jamais 2/et si cela arrivait, je n'aurais pas le temps d'en voir la couleur, je te l'arracherais ! »

Il souffle le chaud et le froid. Au moment même où il prononce le mot « jamais », il lui caresse la jambe, depuis la cheville jusqu'à la naissance de sa cuisse. Tentant de forcer son jean slim. Il glisse maintenant ses doigts entre ses seins. Il effleure l'arrondi de sa poitrine qui va exploser de ne pas être saisie à pleines mains.

Il commande un dessert, avec une seule cuillère. Ils échangent leurs salives sur la cuillère nappée de panacotta. Il la force à avaler le coulis de framboise. Adèle comprend à quel jeu il veut jouer. Elle en rajoute, enroule sa langue autour de la cuillère qu'il lui enfonce dans la bouche. « Je bande, je veux ton corps. » C'est leur façon de jouir ensemble. Elle n'en peut plus. Adèle veut respirer sa peau, griffer ses os, frapper ses muscles, sucer tous ses membres un à un, goûter ses sucs, s'imprégner de sa sueur, boire ses humeurs. Il repart de son côté, Adèle rentre chez elle, avec le souvenir à la fois délicieux et douloureux de ses doigts jouant avec sa peau.

Seul le confident a su véritablement susciter le trouble, à me faire douter, et pourtant nous n'avons jamais fait l'amour. Le confident entre en jeu et me plonge dans l'embarras.

L'embarras du choix

Il est là, tout près. Dans ses yeux, du désir contenu. Elle s'approche, encore. Accoudé au bar, J. la dévore du regard. Leurs corps s'effleurent, puis ils se défendent. Plus tard, dans l'ascenseur qui les mène nulle part, elle feint la peur. Il risque un timide baiser dans le cou. Adèle l'entend penser, « pas question de se laisser aller. » Sur le canapé, il lui parle rude. L'horaire d'été mute hivernal, le compte à rebours a commencé, l'appartement se vide. C'est maintenant à leur tour de partir, elle pense « surtout ne rien se dire », « surtout ne pas séduire ». Il la malmène et puis l'emmène. Là, dehors dans la ville avide. La tempête menace Paname, souffle déjà sur cœurs et âmes. Il lui parle de valeurs, d'engagement, devant Dieu même. Clame fort son amour pour sa femme. Elle trouve cela beau une telle flamme. Elle est pour lui trop facile tentation. Jeu dangereux, intenable situation. Elle ne peut contenir ses larmes. Ça y est, elle est percée à jour. Lui soudain se fait câlin. D'abord tendres bras qui l'enlacent, puis douce main se glisse dans ses cheveux, un baiser chaud se pose sur sa joue, il lui en réclame un en retour. Caresses, transgresse, là sur le bitume de Pigalle il dit « j'arrête ». Et reprend ses assauts de plus bel. Les langues se délient, les salives s'allient, mais ils ne sont pas dans un lit. Il la prend par les hanches, elle l'entoure de ses jambes. Il balade ses mains, devine sous les vêtements les contours de son corps. Encore. Il ose une caresse plus audacieuse. Leurs bouches collées libèrent quelques soupirs de plaisir. Elle est à bout, de nerf, de souffle. Ils ont envie de nudité, de crudité. S'impose alors la réalité. Bourrasques de vent. Du vent, mademoiselle !

« Ta bouche est comme une drogue quand on y a goûté une fois on a toujours envie d'y replonger. »

Pendant quelques semaines, mon désir s'est dédoublé. Alors que j'ai acquis la certitude de ne pas être nymphomane, un autre homme que mon amant a suscité en moi de l'émoi. Un homme marié, qui s'est juré de ne jamais franchir la ligne jaune, qui m'a séduite à coup d'idéal platonique, tout en jouant avec le feu à plusieurs reprises. Tous les deux, nous avons tenté de combler les manques de l'autre ; moi incarnant tout ce que son épouse n'était pas, lui toujours présent et à l'écoute alors que mon amant mettait encore une distance de sécurité entre lui et moi. Mais à force de complicité, nous avons mis nos désirs à l'épreuve, à rude épreuve.

Sur le bord du bassin olympique, Adèle se fait pudique, comme une ado qui n'ose pas se montrer à la sortie du vestiaire. J. rougit et plonge vite dans l'eau. Elle a juste eu le temps de le deviner plus viril et baraqué qu'elle ne l'avait imaginé. Il y a peu de nageurs. Le premier quart d'heure, ils nagent, vite. Lui, cherche à l'impressionner par son crawl, elle, tait qu'elle est entrain de s'essouffler. Ils font une pause. Silence. J. est dans son élément, l'eau libère ses défenses. Il ramène le corps d'Adèle contre lui à l'aide de sa jambe. Elle est sa prisonnière. Elle frissonne. Il frotte ses bras et son dos pour la réchauffer. Dans la piscine, elle perd pied. Il sent son émoi. Elle sent aussi le sien grossir entre ses jambes. Alors il la repousse. Enchaîne des longueurs de crawl. Elle nage à s'enivrer d'eau chlorée, à se faire mal au dos. Ils font encore une pause. Adèle se blottit dans ses bras. Ils ne se parlent pas. Puis J. tente de la couler au fond de la piscine. Ils jouent comme des adolescents. Ils ont éloigné tous leurs tourments. Ils ne sont pas vraiment amants. Adèle sort du bassin. Lui révèle son corps à la lumière crue de midi. Elle sent le regard plein de désir de J. Elle est certaine d'être belle. Il la suit dans le bassin à bulles. Elle se fait tendresse. Lui caresse les bras avec délicatesse. Effleure à peine son torse. Il ferme les yeux. Lui dit « mon dieu ». Elle chatouille sa nuque, peut-être n'aura-t-elle plus jamais l'occasion de le faire, alors elle répète ses caresses avec lenteur, avec saveur. J. a des larmes d'aise. Il loue la douceur d'Adèle. Et si cela pouvait toujours durer. Il l'enlace longuement. Le temps passe. Il faut qu'ils partent. Ultime jeu de séduction, ultime provocation. J. se glisse dans le vestiaire d'Adèle. Dans l'étroite cabine, ils sont éberlués. Ils vont devoir se mettre à nu. Elle a envie de lui sauter dessus. Mais au lieu de cela, elle lui tourne le dos, se déshabille derrière sa serviette, jette un regard sur ses fesses à lui. Ce serait si facile de les toucher. Rien ne l'en empêche. Il est si près. Elle est tétanisée. J. rigole. Affirme que c'est tellement naturel de se retrouver là face à elle. Puis il la laisse ainsi, humide.

Pendant plusieurs jours, je ne revois pas le confident. Je contiens mon désir pour lui, concentre mes pulsions sur l'homme électrochoc. Puis un soir, une pluie de sms, cash, crus, jusqu'à tenter une expérience sexuelle virtuelle.

De J. à A.
« Tu veux baiser ? »

Evidemment qu'elle le voulait. Du sexe par écran et clavier interposés. Sans images. Rien que des mots, des gros mots. Adèle n'avait jamais fait ça auparavant. Le sexe par sms. Elle s'est mise à trembler, elle a le trac, comme si c'était sa première fois. Elle va vivre son dépucelage virtuel. J. dit être sur le ventre dans sa chambre. Adèle est allongée sur le dos, les jambes écartées. Il se couche sur elle, caresse tout son corps. Il sort la langue. C'est tout chaud. Il lui lèche les seins, écrit les imaginer plus « pommes que poires », il les croque, les pétrit, puis descend jusqu'au nombril, Adèle lui parle de ces deux grains de beauté juste au dessus, il les titille, joue avec ces piercings naturels. Pause.

De J. à A.
« Tu sens quelque chose ? »

Adèle a des fourmis dans le bas ventre, elle le sent sur elle. Elle entre en jeu, libère sa parole, libère ses mots. D'un coup, elle ose la crudité :

De A. à J.

« Tu n'es pas là. Et pourtant ta langue est désormais entre mes cuisses. Tu me fesses. Pas fort. Me demande si j'aime ça, tu me dis que tu veux me claquer fort la fesse gauche, puis droite, me faire rougir la croupe. »

De J. à A.

« **Je vais te baiser fort, profond, à t'en rendre dingue de moi. Tu aimes quand je te parle comme ça ?** »

De A. à J.

« **J'adore. Je ferme les yeux. Tu enfonces la langue dans mon vagin. Je n'en reviens pas, je suis toute mouillée, je n'entends même pas le son de ta voix et je suis en émoi, juste tes mots crus s'affichent en rafale sur mon téléphone, et je me tords de plaisir. Tu me branles avec tes mots, tu ne t'arrêtes plus, ressors ta langue, lèches mon clitoris, mon ventre, et t'attardes à nouveau sur mes seins, mes sens s'affolent, mes yeux se ferment, je te vois, je te veux là**

maintenant. Tu me dis viens, alors je jouis. Toi aussi. »

J'éteins mon téléphone. Presque honteuse de nos étreintes virtuelles, de mes mots sans détours, de ce que j'ai pu offrir de mon intimité. En même temps, il aurait pu tout demander de moi, que je lui envoie des parties de mon corps en photos, qu'il exige de moi la preuve en images de ma jouissance.

Ce désir frustré est devenu obsédant, une torture par moments. L'homme électrochoc est pourtant de plus en plus présent. Je veux que le confident sorte de ma tête. Le tiraillement est insupportable. Je ferme les yeux et le visage de l'un chasse l'autre ; j'ouvre les yeux et le visage de l'autre chasse l'un. Puis leurs traits finissent par se confondre, et moi je me morfonds.

Dans mon lit, il m'est arrivé de m'imaginer entourée de mes deux hommes, simplement endormie, les deux m'enlaçant. Une femme possédée par deux virilités, choyée par deux sensibilités. Une femme au désir schizophrène.

« Je suis l'homme de tes jours, il est l'homme de tes nuits… »

Peut-on désirer deux hommes à la fois? Désirer un homme avec lequel on ne couche pas (l'homme de jour) et assouvir son désir avec l'homme électrochoc (l'homme de nuit).

Mais quand l'homme de jour et l'homme de nuit se confondent, le désir est à vif, comme une plaie béante qui peine à se refermer. Et la confusion est totale.

J'aurais adoré qu'ils soient la même personne. Les deux en un. La fougue et la sensualité exacerbée de l'un et la prévenance et l'écoute de l'autre. L'homme parfait en quelque sorte. J'en étais arrivée au point de ne plus pouvoir me passer ni de l'un ni de l'autre. Je n'envisageais pas l'un sans l'autre, l'autre sans l'un.

Un peu comme Anaïs Nin avec Henry Miller et Rank, son psychanalyste.

Les stratagèmes dont use Anaïs Nin dans son *Journal* pour pouvoir assouvir ses désirs avec ses hommes donnent le tournis. « De mensonge en mensonge, de tortures infligées en duperies rocambolesques, Anaïs s'égare peu à peu dans un labyrinthe dont elle réalise, avec angoisse, qu'elle ne pourra peut-être plus trouver l'issue », explique Bernard Chouvier. En laissant Miller pour aller retrouver Rank, voici ce qu'elle écrit dans son Journal :

« Comment peut-il s'imaginer que je puisse le quitter pour aller en rejoindre un autre, après de telles heures, après un tel mélange de nos souffles et de notre sang ? – Ce qui est exactement ce que je fais. Mon visage ne reflète jamais le mensonge, parce que mon visage reflète mes sentiments et que mon sentiment, c'est un amour profond, aveugle pour Henry. »

« Le problème est, justement, que cet amour-là, si profond soit-il, elle ne parvient à le vivre pleinement que grâce à la réassurance narcissique que lui offre son lien avec la figure paternelle que représente Rank », poursuit Chouvier. Nin forme avec Miller et Rank un trio infernal. Tout comme Adèle, l'homme de jour et l'homme de nuit…Adèle à la pointe de ce triangle du désir.

J'ai même provoqué une confrontation, j'ai fait en sorte que l'homme de jour et l'homme de nuit soient présents dans la même pièce, à l'occasion d'une soirée, afin de dénouer l'inextricable situation. Car il fallait que cela cesse. Pour retrouver la femme solaire que la jouissance avec l'homme électrochoc avait engendrée. Et me libérer de la duplicité qui commençait à s'insinuer dans ma vie.

Durant la fête, Adèle se sent monstre. Horrible égoïste, inapte à repousser J. et se jeter dans les bras de son homme. J. se colle à elle, épaule contre épaule, cuisse contre cuisse, il lui caresse discrètement la main, leurs auriculaires se rencontrent, s'unissent, Adèle ferme les yeux, écoute la musique, et savoure ce moment, elle sait que ce sera le dernier, qu'il va falloir qu'elle arrête tout ça, J. approche sa joue contre la sienne, et glisse de côté sa langue entre les lèvres d'Adèle. Elle ouvre les yeux et elle voit. T. désemparé, estomaqué, mais englué dans sa tristesse, incapable d'entreprendre quoique ce soit pour les séparer elle et J. Elle sait pourtant qu'elle l'aime, plus, bien plus que J. Adèle veut que J. disparaisse, qu'il ne soit plus dans sa tête, dans son cœur, si elle pouvait elle le tuerait. Elle lui en veut tellement de la malmener ainsi, de la torturer, de la garder sous son emprise. Est-il le Diable incarné ? Veut-il l'achever ? Il répète ses phrases chocs, ses paroles insensées, lui enfonce un peu plus le poignard entre les côtes, tourne et retourne le couteau dans la chair à vif.

« – *Il faut que tu choisisses, il est grand temps que tu choisisses !*

– *Entre toi et lui ?*

– *Non, entre être avec lui et ne pas être avec lui !* »

Cela ne cessera donc jamais. Adèle saigne à l'intérieur. T. a la souffrance silence, J. doit partir. Maintenant. La situation est intenable, instable, l'air malsain, irrespirable. Adèle, T., J., il faut qu'un des trois quitte la fête pour ne pas provoquer l'implosion. Adèle a l'angoisse du pire. J. a compris le trouble, lui glisse à l'oreille « je me retire. »

Ce soir-là, j'ai compris, ne pas coucher avec moi est une façon de me garder, éternellement, de m'avoir sous la main, parce que le sexe n'a jamais été consommé, parce que le désir est bridé, frustré, cruauté. Il sait que si nous couchons ensemble, alors tout sera fini, il pressent qu'il ne sera jamais à la hauteur de l'homme de nuit. Seul l'homme de nuit a ce pouvoir de me faire jouir.

Adèle et T. sont dans une chambre toute bleue. Il lui fait tendrement l'amour, de longs va et vient sur le corps d'Adèle en sueur. Il ne cesse de l'embrasser, ne décolle pas sa bouche de la sienne. Il lui caresse longuement les cheveux. Lui défait ses tresses pendant qu'il la pénètre. Ils jouissent. Puis ils restent tous les deux longtemps imbriqués l'un dans l'autre. Ils s'endorment.

Adèle est sous la douche. Une douche ocre et spacieuse. T. fait brûler de l'encens. Il est nu. Il la rejoint sous l'eau chaude. Il prend le savon noir, un gant et frotte le corps d'Adèle. D'abord la nuque, le dos, les fesses. Puis les seins, le ventre, les cuisses. Adèle oblige T. à se tourner. Elle se dresse sur la pointe des pieds et lui lèche la nuque. Sa langue descend sur son dos puis sur les reins, les fesses. L'une après l'autre.

Le brouhaha enivrant de la place Jeema el Fna emplit la ville. Un chat passe sur la terrasse. Des centaines de chiens se répondent. Adèle est alanguie sur une banquette du toit terrasse. T. fume le narguilé. Elle pose sa main tatouée au henné sur son épaule. Ils se regardent longuement. Elle fume à son tour. Elle tousse. Manque de s'étouffer avec la chicha. T. la fait s'agenouiller. Il baisse son pantalon. Il libère son sexe. Adèle lui fait une fellation.

Adèle est à plat ventre sur le lit de la chambre nuptiale. Elle fait la sieste. T. lui écarte les jambes et fait entrer doucement son sexe en elle. Elle gémit. Il lui tient la nuque, lui défait son chignon, et accélère en elle. Elle a le visage en extase. Le chant du muezzin couvre à peine ses cris. Elle tourne la tête vers la fenêtre. Elle entrevoit au travers le moucharabieh des oiseaux bleus.

Onze jours, dix nuits. Onze jours, dix nuits et des orgasmes à répétition. Dans ce Ryad en plein coeur de la ville rouge, mon amant a fait de moi une princesse. Il a comblé tous mes désirs, ou presque. J'ai comblé tous ses désirs, ou presque. Par devant, par derrière. Son sexe n'a jamais cessé de me remplir. De la jouissance à outrance, sans aucune retenue. De l'abandon total. Le bing bang des sens, le court-circuit entre mon corps et mon âme. Il n'y a plus aucun doute possible : je le veux lui, à jamais. Je l'ai retrouvé. Lui, l'homme qui a éveillé mes sens, qui m'a réveillée, l'homme électrochoc. Mon merveilleux amant. Je n'aspire plus qu'à être prise par lui.

J'ai fait mon choix.

Grâce à lui, j'ai compris que je n'ai rien d'une nymphomane, j'ai compris que je suis une hypersexuelle. L'hypersexualité ou ce besoin de faire l'amour souvent, plusieurs fois par jour mais pas nécessairement avec des hommes différents. Une boulimie à sujet unique. Une hypersexualité couplée d'une hypersensibilité.

La jouissance est le point de rencontre entre le sensible et l'intelligence.

Pour jouir, j'ai besoin d'accéder à la sensibilité de l'autre, et que nos intellects soient en phase.

L'autre, l'homme de jour, n'a fait que jouer avec mon désir, et le sien, et j'ai foncé d'abord aveuglément dans ce jeu. L'autre a été l'homme de la transition. Une transition nécessaire. Un rouage essentiel dans l'engrenage de la machine à désirs.

L'homme électrochoc est la rencontre du corps, du cœur et de l'esprit dans le désir, le désir et donc la jouissance sont décuplés quand l'amant est en même temps l'amoureux. C'est une véritable invasion, de l'âme et du corps.

« Seul le battement à l'unisson du sexe et du cœur peut créer l'extase », en convient Anaïs Nin.

En septembre 1976, un peu plus d'un an avant sa mort, elle écrit à propos de son journal : « Si la version non expurgée de mon Journal est publiée un jour, ce point de vue féminin sera exprimé encore plus clairement. Cela montrera que les femmes n'ont jamais séparé l'acte sexuel du sentiment, et de l'amour de l'homme tout entier. »

J'aime un homme tout entier, et désormais je vais m'employer à accorder à l'unisson mon désir et le sien.

De la crudité dans le désir

Adèle a les jambes écartées. T. inspecte l'intérieur de ses cuisses. Il sourit. Se relève, part à la cuisine. « Tu veux une glace ? » T. apparaît nu dans la chambre, un esquimau au citron à la main. Il s'approche, lèche le glaçon puis lèche le clitoris d'Adèle. Elle frémit. Il recommence. Elle ferme les yeux. Elle sent sa langue glacée la pénétrer, elle est trempée. Le citron et la salive se mêlent à sa jouissance. Des eaux troubles soudain troublent ses sens. Adèle est perdue. Elle halète.

T. l'a eue. Une fois de plus. Elle n'oppose aucune résistance. Son vagin est chaud et glacé à la fois. T. enfonce désormais le bâtonnet gelé. Adèle en réclame encore. Alors il se retire. Exige d'Adèle qu'elle se lève et qu'elle le suive. Dans son bureau. Il lui demande de chausser ses escarpins à talons bleus pailletés. Et de ne rien porter d'autre.

Adèle est nue jambes écartées, visage collé contre le clavier de l'ordinateur. T. est derrière elle. Un film de Bollywood défile sur l'écran, la musique les excite. T. écarte les fesses d'Adèle, y glisse sa langue en érection. Adèle mouille d'amour et de désir, elle veut maintenant son élixir. T. la pénètre en rythme. Son sexe est énorme, plus que de coutume. Adèle susurre que depuis qu'elle le connaît sa verge a grandi. Elle le lui dit cash « Ce soir, ton sexe est si fort qu'il me déchire presque. » La musique indienne se déchaîne, Adèle se retourne, enroule les hanches de T., enfonce ses talons hauts dans son fessier. T. la porte jusqu'au fauteuil en cuir. Elle est au-dessus de lui, elle n'a toujours pas retiré ses chaussures, assise sur tout son être, c'est à elle de danser. La chorégraphie est simple, délicieuse, elle ondule sur sa verge lisse et dure, douce et rude. Ses mains lui serrent les seins, son cou, soudain il se retire, elle lui dit « oui, jouis sur moi, jouis moi » !

Depuis que j'ai retrouvé pleinement mon amant, je prends de l'assurance avec mon corps, je me montre plus audacieuse, plus inventive, plus directive également. Je me découvre un nouveau vocabulaire, empreint d'amour et de pornographie.

Celui à qui je dois cette incroyable mue, me confie : « C'est dingue comme tu peux être aussi romantique dans la vie de tous les jours et aussi crue dans ta sexualité, ça me désarçonne. » Je suis étonnée car il en a vu défiler des jeunes femmes dans son lit avant de me réserver son exclusivité. Des femmes d'un soir ou un peu plus qui, je le pensais, ne devaient pas jouer les vierges effarouchées et se donner sans retenue puisqu'appelées à ne jamais être rappelées. Non, il n'en est rien. Il m'assure qu'il n'a jamais vraiment été confronté à une femme comme moi, aussi douce le jour et que cash la nuit… Une espèce de docteure Jekyll et misses Hyde de l'intime. Ces femmes n'étaient certainement pas de vraies amoureuses. Je veux dire des femmes pour qui le désir n'était pas au centre de leur vie.

À vrai dire je ne vois pas en quoi le romantisme et le sexe, aussi trash soit-il pourrait être incompatibles. Je vibre autant à la lecture de la très chaste *Princessede Clèves*, qu'en regardant Paz Vega prendre son pied dans *Lucia y el sexo*, du cinéaste espagnol Julio Medem, ode à la sensualité et à la féminité par excellence. Je relis en boucles *Un amour* de Dino Buzzati autant que *Baise-moi !* (justement) et Les *Jolies Choses* de Virginie Despentes ou encore *la Vénus à la fourrure* de Sacher-Masoch.

J'admire autant les pudiques, les timides, celles qui versent des larmes quand elles reçoivent des bouquets de roses, blanches, chastes comme leur cœur, celles qui croient au prince charmant, au bel amour, à l'élégie, l'amour unique que celles, impétueuses, violentes, masculines, féroces, véloces, voraces qui écartent faciles les jambes parce que c'est leur choix. Aucune d'entre elles ne sont des filles faciles, non ce sont des femmes libres. Moi, je suis les deux.

Romantique et salope. Salope et romantique.

Plus j'aime, plus mon cœur est fleur bleue et plus mon corps est capable de s'ouvrir à la bestialité la plus primale et mon vocabulaire s'affirmer dans sa crudité la plus sincère et spontanée. Sauvagerie des corps et douceur de l'âme, voilà la secrète alchimie du désir épanoui, comblé.

Je ne trouve rien d'humiliant à crier « baise-moi ! ». Il s'agit juste d'exprimer son propre plaisir et pas d'une formule toute faite ou tout droit sortie d'un film porno pour exciter son partenaire. Je ne trouve rien d'avilissant à clamer « prends-moi, prends-moi fort » !

Après tout, la poétesse Louise Labé le clamait sans retenue au XVIe siècle :

« Baise m'encor, rebaise moy et baise :
Donne m'en un de tes plus savoureus,
Donne m'en un de tes plus amoureus :
Je t'en rendray quatre plus chaus que braise. »

Sonnet XVIII.

Ainsi, le grand cri d'amour et d'imploration de Vénus, héroïne de *Vie érotique* de la romancière

Delphine de Malherbe : « Prends-moi. Il lui sembla qu'elle était née pour prononcer ces mots tant cette phrase lui était agréable, douce et pleine à dire. Prends-moi. »

Je suis fière de clamer que mon homme m'a fait sortir des schémas féministes. J'aime être prise par lui, possédée. Possédée mais pas soumise. Dans le coït, la femme prend autant l'homme que l'homme la prend. Dans la pénétration consentie, le vagin capture la verge, ce n'est pas la verge qui prend le vagin. Toujours la femme domine, mène la danse. Alors que l'homme croit être le tout puissant. Ainsi, souvent lors de soirées entre copines, j'explique que lorsque leurs amants leur balancent : « ah t'es contente hein, tu aimes ça quand je te prends bien fort », surtout il ne faut pas s'en offusquer, au contraire les laisser se leurrer dans leur fantasme de domination, et être maîtresse de son plaisir, gérer son excitation, la montée de son orgasme et lâcher prise pile à l'instant idoine.

D'ailleurs à qui appartient le sexe de l'autre au moment de la pénétration ? Au moment de l'imbrication de la verge dans le vagin, cet instant précis et précieux, savoureux et douloureux à la fois, de l'enfouissement de l'érection dans la béance absolue, la matrice de toute existence. « Question : quand ton sexe est en moi, à cet instant précis où il me pénètre, à qui appartient-il ? À toi ? À moi ? » Mon amant ne sait que répondre lorsque je lui susurre cette interrogation essentielle, existentielle même.

J'aime penser qu'il m'appartient. Car je suis fière de l'avoir en moi. Moi et pas une autre. Je suis amoureuse de ce sexe. Mon désir pour lui se fait ode à la verge. J'aime regarder son corps, en détail, et en particulier son sexe, au repos comme dressé avant de me pénétrer.

Adèle aimait chaque partie de son sexe, la douceur de son gland, la beauté de sa verge, la fermeté de ses testicules. Elle pouvait passer de longues minutes à le contempler le matin sous la couette, pendant que son amant dormait. Jamais elle n'aurait cru adorer ainsi un sexe masculin. La verge, celle par qui le mal et la noirceur s'étaient immiscés en elle. Désormais, la verge, sa verge, était au cœur de sa vie. Alors elle pouvait bien s'inviter dans tous ses orifices.

L'artiste belge Elisa Brune ne peint que des sexes masculins, en érection, mous, petits, gros, larges, étroits. Elle dit tous les adorer, être touchée, bouleversée même.

Simone de Beauvoir dans le *Deuxième sexe* décrit le sentiment qui gagne l'homme après l'acte sexuel que le corps de la femme est fade et mou et le sentiment symétrique de la femme que le corps de l'homme hormis le sexe dressé est disgracieux, voire ridicule… Je pense tout le contraire, beauté de la verge, beauté des muscles bandés pendant l'acte sexuel, contractés comme jamais au moment de l'orgasme, et beauté douce et attendrissante de la verge soulagée, apaisée, après l'orgasme.

Ode à la verge.

Je suis émue par la vie qui circule dans ce membre. D'ailleurs, j'aime voir mon amant se masturber devant moi, mon désir en est fortifié.

Il n'y a rien d'humiliant à assister à pareille exaltation du corps. Je ne conçois pas cela comme un plaisir solitaire mais comme une grande joie partagée. Le voir ainsi s'abandonner devant moi, sans tabou ni retenue est une célébration, une magnifique déclaration d'amour. Et j'en redemande encore. Toujours plus de volupté, toujours plus de plaisir. Son sexe en érection comme la preuve de son existence, de mon existence.

Des hommes, des femmes… et des désirs

« Je te désire plus que tu me désires… »

Nous n'arrêtons pas de nous interroger sur notre désir. Désir féminin, désir masculin, désir tout court… Hommes, femmes sommes-nous égaux devant notre désir ? Le débat est intarissable et souvent sans réponse. Je ne peux y apporter que mes réflexions de femme désirante et fascinée par le désir masculin.

L'homme intellectualise-t-il autant que la femme le désir ? Les hommes vivent un clivage plus fort entre sentiment amoureux et désir, ils ont cette capacité presque intrinsèque à faire la distinction entre la femme qu'ils aiment et la femme qu'ils désirent. Certainement parce que la plupart des hommes n'ont pas rompu avec le schéma romantique que la femme aimée renvoie à la mère, or, *a priori*, on ne couche pas avec sa mère. L'homme est peut-être plus attaché à la jouissance de sa partenaire que la femme ne l'est. La femme a finalement un désir plus égoïste, elle est moins dans le partage. L'homme veut faire jouir pour par la suite jouir lui-même, d'où la peur de l'impuissance, de ne pas pouvoir faire la preuve de son désir. Alors que la femme n'aspire qu'à jouir, et moins à faire jouir. Elle est une aspirante jouisseuse. Elle jouit pour elle, pas pour l'autre, pour comprendre qui elle est, pour toucher à l'essence même de sa féminité. La jouissance est une étape dans sa quête d'identité, dans l'évolution de son rapport au monde et à soi.

Or, on nous apprend à nous femmes à correspondre au désir des hommes, plus qu'à désirer… À calquer nos savoir-faire sexuels sur les attentes masculines. À faire coïncider notre volupté, les canons de la beauté, avec la satisfaction des hommes, en gommant bien souvent notre personnalité et nos envies. Des désirs qui restent enfouis, enfuis presque.

Dans un livre d'entretiens, *Les femmes, la pornographie, l'érotisme,* la psychanalyste Luce Irigaray explique cette conformation, ce formatage de la sexualité féminine en fonction du masculin : « Les femmes sont objets de propriété privée. Le père, le mari possèdent la fille, la femme comme des biens. Le corps, le travail, la jouissance de celles-ci appartiennent au chef de famille et servent de substrat à la stabilité et la reproduction de la cellule familiale. À travers leur père ou leur mari, les femmes sont aussi la propriété de l'ensemble de la société, de l'Etat. » Bien que ce texte ait été publié en 1978, ce schéma perdure.

C'est pourquoi, quand une femme libère son désir sexuel, exprime ses pulsions, on dit qu'elle a un désir d'homme. Cela sous-entend que le désir masculin soit supérieur au désir féminin… Je ne le crois pas, bien au contraire.

Les femmes au sexe libre font peur, tout comme les femmes ambitieuses dans la société font peur, on dit qu'elles se comportent comme des hommes. Dans la sexualité, on projette les inégalités hommes/femmes de la société. Or, il faut accepter que les hommes aient les mêmes besoins que les femmes et inversement. Nous sommes tous animés du même désir de puissance, au masculin comme au féminin : désirer pour se retrouver avec soi-même dans la jouissance.

Si l'homme semble obsédé par la question de savoir si la femme jouit avec lui, c'est bien parce qu'il souhaite avoir une emprise sur la femme. « C'est moi qui la fait jouir, c'est bien moi. » Une façon de se rassurer sur sa puissance, son contrôle total, une façon de se rasséréner : « J'ai le dessus ». Cependant, il n'est jamais acquis pour un homme d'avoir la certitude de l'orgasme de la femme, alors que la femme en a la preuve par l'éjaculation. Même si un homme peut jouir sans éjaculer. Elle a toujours un temps d'avance. Elle domine en quelque sorte.

Breton et les surréalistes ont organisé des séances de discussions dans leur *Enquête sur la sexualité (1928-1932)* sur la jouissance féminine ou plutôt la « jouissance et la présence de la femme ». Ainsi, le 27 juillet 1928, André Breton lance au débat : « Un homme et une femme font l'amour. Dans quelle mesure l'homme se rend-il compte de la jouissance de la femme ? » Breton a une réponse toute faite à la question, révélatrice d'un point de vue assez machiste de la sexualité : « Il est impossible de « la » constater, à moins d'entretenir avec une femme des rapports verbaux très discutables. » « La » renvoie au fait que la jouissance des deux partenaires étant simultanée, il y aurait confusion de « l'émission de fluides séminaux ». Lors de la deuxième séance, Louis Aragon ose réorienter la discussion dans le droit chemin et fait part de sa désapprobation :

« Louis Aragon : – Ce qui me gêne dans la plupart des réponses formulées ici est une certaine idée que je crois y démêler de l'inégalité de l'homme et de la femme. Pour moi rien ne sera dit sur l'amour physique si l'on n'a pas d'abord admis cette vérité que l'homme et la femme y ont des droits égaux. André Breton : – Qui a prétendu le contraire ?

Louis Aragon : – Je m'explique : la validité de tout ce qui précède me paraît jusqu'à un certain point infirmée par la prédominance fatale du point de vue masculin. »

Dans l'avant-propos du recueil de témoignages *Les femmes, la pornographie, l'érotisme,* l'écrivain Gilles Lapouge parle dans une longue tirade perspicace de la perception du désir des femmes par ses pairs :

« Les hommes sont terrifiés par la sexualité des femmes, tenue pour intense, débordante, inapaisable, un vrai gouffre, un danger. Mais, dans le même temps, ils redoutent que les femmes n'aient pas du tout de sexualité, qu'elles fassent semblant.

Le désir féminin est pour eux un immense vide, une infatigable interrogation, un abîme au bord duquel les hommes ont le vertige, et qu'ils s'épuisent à combler tant bien que mal par deux propositions inverses et pareillement ineptes: les femmes sont le désir même, elles n'ont aucun désir. »

La deuxième partie de la phrase est bien vide de sens, en revanche Lapouge ne veut pas admettre que les femmes soient le désir. La grande poétesse Sappho le louait pourtant déjà bien avant la naissance de Jésus Christ : « Le désir est le serviteur d'Aphrodite »…

Chez Sade, l'égalité hommes/femmes face au désir et à la jouissance est étonnement présente. La jouissance des femmes n'est pas brimée, elles peuvent jouir comme bon leur semble si elles sont assez fortes pour réaliser leurs fantasmes, leurs lubies. S'il est certes un peu osé de dire que Sade est un libérateur de la sexualité féminine, on peut tout de même convenir que c'est un des premiers auteurs à leur attribuer les mêmes possibilités de jouissance que les hommes.

La mer est vive. La lune pleine. J'ai deux doigts enfoncés dans ton intérieur. Tu me dis « Adèle, tu vas me prendre pour un … » Je te réponds « non mon amour tu es juste un homme sensible, un homme qui jouit. » Tu as renoncé à tous les schémas classiques de la sexualité : un homme pénétrant une femme, de sa verge, de ses doigts, de sa langue. Tu as accepté l'inacceptable : être pris par une femme. Tu as accepté l'abandon total, oublié les conventions. Tu es obsédé par mon cul autant que je suis obsédée par le tien.

Il est essentiel d'oser assouvir ses fantasmes, qu'ils soient masculins ou féminins, cela n'est possible que si l'on est bien avec son corps et celui de l'autre. D'ailleurs, existent-ils des fantasmes qui ne se déclinent qu'au féminin, et d'autres qu'au masculin ? Les hommes et les femmes partagent selon moi les mêmes envies. Il est essentiel de ne rien s'interdire, à condition que l'autre soit consentant. À condition que l'autre soit aimant.

« Quel triste spectacle que la pornographie, non, que la pornographie contemporaine ? Il y a tant à apprendre pour qui cherche autre chose, pour qui cherche l'enchantement des corps, pour qui n'a pas renoncé à atteindre à la grande jouissance, où la folie érotique des hommes et celle des femmes se rejoignent enfin, sans entraves… »

Je viens de terminer la lecture d'un roman érotique formidable et déconcertant qui met la jouissance au cœur de son propos, *La villa du Jouir,* de Bertrand Leclair, un livre où des hommes sont retenus dans une sorte de phalanstère moderne sur une île grecque paradisiaque. Là-bas, ils sont soumis aux désirs puissants d'une princesse noire magnifique. Les hommes sont initiés au renversement des stéréotypes sexuels dominants, afin de partager une autre dimension du plaisir, la dimension féminine. Selon Bertrand Leclair, lorsqu'une femme prend les rênes, et que l'homme s'abandonne totalement au désir féminin, la jouissance est infinie, totale.

La jouissance serait-elle le propre de la femme ? Lacan présente la jouissance féminine comme une expérience de l'altérité dans ce qu'elle peut avoir de plus radical, donc de plus mystérieux, indéfinissable. Et Marguerite Duras sous-entend dans plusieurs ouvrages que seul le féminin est la clé de la jouissance pour la femme comme pour l'homme.

Il faut distinguer la jouissance que les femmes éprouvent à entrer dans la jouissance masculine, de ce qu'est leur jouissance. Dans les bras de l'homme électrochoc, j'ai touché à cette forme de jouissance supérieure, uniquement féminine, une efflorescence de mon corps, où tout le corps devient sexe et pas seulement dans l'orgasme. Mon corps est liquéfié, j'oublie toute forme de solidité, je me coule dans la jouissance. La distinction entre le corps et le sexe est gommée, la jouissance l'emporte sur tout, la jouissance est le grand Tout.

Quand cette forme de jouissance absolue me gagne, je peux rester des heures, des jours parfois dans cet état suprême. J'habite mon corps. Je l'ai déjà dit plus haut : je suis hypersexuelle. Je ne pense pas qu'un homme ressente son corps de cette façon extrême. Les hommes vivent la jouissance de façon plus compartimentée. Dans l'instant, comme un grand soulagement et non comme un accomplissement.

Luce Irigaray relève dans son entretien avec Marie-Françoise Hans et Gilles Lapouge l'état de femmes qui « ne sont pas exilées de se sentir permanent, de se re-toucher sans arrêt », des femmes chez qui « la jouissance se maintient en elles continûment. » Un champ des possibles formidable pour les hommes qui comprennent la puissance de la sexualité des femmes.

Mon amant est de ceux-là, c'est pourquoi il cherche avant tout à me faire jouir, il sait que mon plaisir est le seul et unique canal vers la grande jouissance. Ainsi, le féminin et le masculin sont en osmose, alliés, parés pour affronter l'adversité du quotidien.

« – Vous avez une bouche extraordinaire, quand vous dites ce mot.

– Quel mot ? Ah ! Jouir ? (…) Jouir. C'est un mot que j'aime, un mot plein de joie, plein d'écoute, un mot qui fendille l'écorce individuelle. »

Ainsi la princesse de la *Villa du Jouir* parle de la jouissance auprès de son futur initié, une façon de le mettre en bouche et de l'emporter dans son monde de sensualité exacerbée.

Une femme qui a fait entrer la jouissance au cœur de sa vie, la vraie, devient sûre d'elle, affirmée, souvent excessive, sa personnalité se forge, son identité se fait force. Elle avance désormais dans la vie sans se retourner. Et parce qu'elle désire, elle intrigue, elle fait peur autant qu'elle attire, par son assurance et sa détermination.

Mes désirs sont désormais sans fin, plus j'en offre plus l'homme électrochoc en fait naître. La jouissance parce qu'elle est faite de plaisirs ponctuels est fascinante : « d'un côté l'extase qui dépasse toute limite et tout plaisir connu, de l'autre le désir d'y revenir sans cesse », affirme Jean-Luc Nancy. Désir insatiable et irrépressible. Désir tyrannique qui renaît de ses cendres, magnifique Phénix qui nous remet de plein fouet dans la vie, sorte de résurrection instantanée qui réenclenche la mécanique des corps. Le corps se remet en mouvement, à peine rétabli de la douce violence de l'étreinte, et l'esprit s'éveille. C'est alors que le manque s'installe, gagne du terrain. Et du manque renaît le désir. Un désir insatiable puisqu'associé à la mort et à la renaissance. Un désir sans fin, si ce n'est peut-être la maladie et l'issue fatale, la vraie.

C'est pourquoi l'homme se fait dépasser par le désir de la femme. « Quel appétit, tu n'en as jamais assez » me répète mon amant un brin amusé, un brin inquiet. Inquiet puisqu'il pressent à juste titre que mon désir pour lui n'a qu'un but, la régénérescence de mon être à chaque fois que nous faisons l'amour. Sa crainte est légitime, mais mon désir n'est pas qu'égoïsme, ou alors un égoïsme paradoxal puisque basé sur le partage, la fusion de deux intimités profondes. En ce sens mon amant n'est pas l'objet de mon désir mais le sujet, l'unique et magnifique sujet.

Quand l'amant et l'amoureux ne font qu'un, il passe d'objet à sujet et révèle l'intimité. Il est sujet car il a ce pouvoir presque magique de me faire mourir et naître à la fois. C'est ce que Belinda Cannone appelle philosophiquement le grand désir : « Il inclut aussi bien l'attirance sensuelle et le jeu charnel que le sentiment d'amour et l'excitation intellectuelle (…) Il est moment d'intensification de la joie de vivre, sentiment accru de l'existence et du monde, sortie du soi borné, défi lancé à la mort. »

Un défi à la mort. Ainsi avec mon amant, nous faisons l'amour avec héroïsme. Nous formons un couple héroïque et érotique. Nous expérimentons notre qualité de mortels et nous nous rêvons immortels.

Je désire que tu désires mon désir, je te désire dans ton désir… Le rapport sexuel doit être pensé non comme l'accomplissement d'un seul désir, mais comme l'articulation de deux désirs différents. La réciprocité entre désir féminin et désir masculin est prodigieuse, quand les deux désirs sont réconciliés, alors le sexe est divin. L'accord parfait.

Adèle et T. courent nus sur la plage déserte. Ils plongent dans l'eau. Les étoiles brillent. Ils remontent à la surface en même temps. « Adèle, regarde les étoiles dans l'eau… » Du plancton phosphorescent les entoure. Adèle se colle au corps de T. Il remue les bras sous l'eau, le plancton s'agite. Adèle fait de même. Elle n'a jamais vu quelque chose d'aussi beau. Elle tremble de froid et d'émotion. T. lui frotte le dos. Il entre en elle. Ils font l'amour dans l'eau. Plus ils s'aiment, plus le plancton scintille. Adèle prend le visage de T. entre ses mains.

Elle est au monde. Elle fait partie du grand Tout. Elle sent la nature qui jouit avec elle. Adèle pense : le bonheur est dans le corps.

Conclusion

Le psychanalyste autrichien Wilhelm Reich a fondé, à l'aube des années 1930, sa théorie du vivre ensemble sur la fonction vitale, mentale et sociale de l'orgasme. Jouir sans entrave abolit les frustrations, fait reculer les fascismes. Hommes, femmes, jeunes, vieux, nous avons tous à y gagner à jouir.

Vivre dans la jouissance n'est pas moralement condamnable, ce n'est pas une honte. C'est une réjouissance.

Jouir rend fort, jouir renforce, jouir rend fier.

On ne se vautre pas dans la jouissance, on ne s'y réfugie pas pour fuir un quotidien, au contraire on y fonce pour être bien dans sa vie, en accord avec son corps et son esprit. Apprendre à écouter ses désirs, à déchiffrer le langage de la sensualité est le chemin de toute une vie. Parfois, on met du temps à démarrer ce fabuleux voyage, souvent on s'égare en cours de route, et lorsqu'on se retrouve, enfin on s'éprouve.

Il est urgent de croire aux vertus de l'érotisme. Ecoutez votre corps, écoutez votre désir et embarquez dans ce formidable voyage des sens. Destination jouissance.

« Elle laissa tomber son écharpe et découvrir sa vulve pour qu'il pût jouir en elle. Hardiment, elle le baisa sur la bouche et rejeta ses vêtements. Alors il s'allongea sur elle. Et elle lui montra, la belle, à ce sauvage, ce que peut faire une femme. »

Jean Bottéro, L'amour libre à Babylone, *Amour et sexualité,* Pluriel, 2012.

Petit inventaire à la Prévert de la jouissance féminine mêlé de calligramme façon Apollinaire :

Jeu
Orgasme
Union
Idéal

Sensations
Sexe

Alchimie

Nocturne
Clitoris

Extase

Fellation
Efflorescence
Masturbation

Inouï

Nature
Intense
Nudité
Erotisme

Bibliographie :

Gaston Bachelard, *La psychanalyse du feu* (1949), Gallimard, Folio essais, 1985.

Simone de Beauvoir, *Le deuxième sexe*, Gallimard, Folio essais, 1985.

Belinda Cannone, *Petit éloge du désir*, folio, 2013. *L'écriture du désir,* Calmann-Lévy, 2000.

Bernard Chouvier, *L'impudique et la passion de l'extrême : Anaïs Nin à l'épreuve américaine, décembre 1934-juin 1935, Les enjeux psychopathologiques de l'acte créateur*, Bruxelles, De Boeck Supérieur, « Oxalis », 2011.

Delphine de Malherbe, dessins de Isild Le Besco, *Vie érotique*, Robert Laffont, 2008.

Virginie Despentes, *King Kong théorie*, Grasset, 2006. *Baise-moi !* Grasset, 1993 *Les jolies choses*, Grasset, 1998.

Gustave Flaubert, *Madame Bovary,* Le livre de poche.

Nikki Gemmell, *Avec mon corps,* Au Diable Vauvert, 2015.

Marie-François Hans, Gilles Lapouge, *Les femmes, la pornographie, l'érotisme*, Seuil, 1978.

Louise Labé, *Débat de Folie et d'Amour, Elégies, sonnets, Œuvres complètes*, Flammarion, 1993.

Bertrand Leclair, *La Villa du Jouir*, Serge Safran, 2015.

Henry Miller, *La Crucifixion en rose*, tome 1 *Sexus*, Christian Bourgois Editeur, 1995.

Catherine Millet, *la vie sexuelle de Catherine M*, Seuil, 2001.

Tobie Nathan, *Philtre d'amour*, Odile Jacob, 2015.

Anaïs Nin, *Journal de l'amour, Journal inédit et non expurgé des années 1932-1939*, le Livre de poche, La Pochothèque, 2013.

Anaïs Nin, *Vénus Erotica*, le Livre de poche, 2014.

Sappho, *Le désir,* oeuvres complètes, Arléa 1993.

Françoise Simpère, *Des désirs et des hommes*, Pocket, 2003.

Adèle Van Reeth, Jean-Luc Nancy, *La Jouissance, questions de caractère*, Plon, 2014.

Marguerite Yourcenar, *le Coup de grâce*. Folio, 2006.

Remerciement

Anne-Laure Barret témoin de ma métamorphose, pour sa fidélité en amitié et sa lecture avisée.

Du même auteur

Neuilly, Village People, avec Pauline Revenaz, éditions du Moment, 2007.

Il a fait de moi sa proie, collaboration avec Aline Rigaud, Flammarion, 2013.

Vincent, parce que je l'aime je veux le laisser partir, collaboration avec Rachel Lambert, Fayard, 2014.

Imprimé en France par CPI
en mai 2015

Dépôt légal : juin 2015
N° d'impression : 128912
ISBN : 9791025201374
754 855.4